Impressum

Engelbert Katschner
Der steirische Wein

Konzeption / Layout
ErVolk Werbeagentur
8505 St. Nikolai im Sausal

Fotos
Engelbert Katschner
(Umschlaghintergrund von Croce & Wir / Graz)

Verleger

Lithografie / Druck
LeykamDruck Graz

ISBN 3-7011-7385-0

Engelbert Katschner

Der steirische Wein

Leykam

Die Steiermark ist ein altes und bekanntes Weinland. Reste fossiler Reben als Funde in Braunkohlelagern bei Leoben beweisen, daß schon im Tertiär die Wildrebe als Vorläuferpflanze in unseren Breiten ansässig war. Aus einer dieser Pflanzen gewannen die Illyrer vor zweieinhalbtausend Jahren ihren Wein und aus einer dieser Pflanzen zogen vermutlich die Kelten vor mehr als zweitausend Jahren die ersten Schilcherreben.

Aus dem großen Anbaugebiet der Steiermark, das von Pettau bis weit über Murau hinaus reichte, wurde durch Klimaveränderungen, durch Türken, Kuruzzen und Magyaren ein kleines und überschaubares Gebiet, das erst durch Joseph II. und vor allem Erzherzog Johann wieder Aufschwung nahm. Im Jahr 1846 stammten von 233 aus allen Teilen der Monarchie und Deutschlands auf den "Versammlung deutscher Landwirte" präsentierten Weinen 153 Weinsorten aus der Steiermark.

Heute zählen steirische Weine zu den Spezialitäten auf allen Weinkarten. Dazu hat die jahrzehntelange, unermüdliche Arbeit vieler Persönlichkeiten wesentlich beigetragen. Vor allem die Landesweinbauschule Silberberg ist heute die Kader-Schmiede der steirischen Weinbaumeister. Die Landesversuchsanlage Haidegg trägt mit ihren Erkenntnissen entscheidend zur Praxis bei.

In diesem Band wird alles Wissenswerte über den steirischen Wein berichtet - Geschichte, Entwicklung, spezielle Betriebe und ihre Angebote, die steirischen Weinsorten, aber auch ein Ausblick auf die künftige Entwicklung des steirischen Weines, insbesondere angesichts der Herausforderung durch die Europäische Union geboten.

Der Autor, Direktor Engelbert Katschner, ist so etwas wie der "Altmeister" des steirischen Weines und seiner international anerkannten Qualität. Er stellt das Weinland Steiermark dem Kenner vor, hilft mit, Kenntnisse zu vertiefen und möchte auch all jenen, die den steirischen Wein schätzen und lieben lernen wollen, ein kundiger Ratgeber in allen wichtigen Fragen sein.

So gilt mein Dank Direktor Engelbert Katschner und allen, die Anteil an diesem Buch haben, insbesondere den steirischen Weinbaubetrieben, und mein Gruß allen jenen, die diesen Band zur Hand nehmen, um sich über dieses edle Produkt unseres Landes näher zu informieren.

Waltraud Klasnic

Waltraud Klasnic

Landeshauptmann der Steiermark

Der steirische Wein ist ein Wein für Kenner - von Könnern gemacht! In den letzten zwei Jahrzehnten, insbesondere aber nach dem "Weinskandal", haben sich die steirischen Winzer in einem einzigartigen Kraftakt auf den Aufbau von Qualitätsweinen spezialisiert. Im steirischen Wein steckt harte Arbeit - die steilen Weinberge bedeuten Schwerarbeit für die Winzer - und vor allem das Herzblut der neuen steirischen Weingeneration.

Der Erfolg gibt ihnen recht: der steirische Wein kann sich trotz international härtester Konkurrenz bestens behaupten. Die in den 80er-Jahren eingeschlagene Weinlinie "fruchtig-duftig-trocken" wird immer wieder mit hohen und höchsten Prämierungen belohnt. Der Weg zum fachgerecht ausgebauten und sorgsam behandelten Spitzenwein war allerdings nur erfolgreich, weil engagierte Persönlichkeiten keinen Aufwand und keine Mühen gescheut haben, um die internationalen Qualitätstandards und insbesondere die trockene steirische Weinlinie bekanntzumachen und ihr zum Durchbruch zu verhelfen.

Dank Engelbert Katschner, dem Autor dieses Buches, der als steirischer Weinbaudirektor sich unermüdlich für die steirische Weinlinie eingesetzt hat und dank der rührigen neuen Winzergeneration in der Steiermark können wir heute zahlreiche Weißweine genießen, die zur Weltklasse zählen. Aber auch die steirischen Rotweine gewinnen zunehmend an Klasse und müssen sich am internationalen Parkett nicht verstecken.

Ich bin sicher, daß das vorliegende Weinbuch die Kenner des steirischen Weines begeistert und diejenigen, die ihn noch nicht für sich entdeckt haben, zu seinen Freunden machen wird. Die prachtvollen Bilder vom steirischen Weinland, seinen steilen Weinbergen, den Winzern, den Weingasthöfen und Buschenschenken laden den Leser ein, das Weinland Steiermark zu entdecken und den steirischen Wein in seiner unmittelbaren Umgebung zu genießen. Das Erlebnis "Steirischer Wein" ist eines, das man nicht mehr missen möchte: ein wunderbares Geschenk an alle, die dieses Stück Lebenskultur und Lebensfreude zu genießen wissen.

Dr. Peter Schachner-Blazizek

Landeshauptmannstellvertreter

Engelbert Katschner

Es sind noch keine zehn Jahre her, daß ich Vorwürfe von so manchen Weinbauern bekam, ich zwänge sie gegen ihren Willen dazu, ihre Weine trocken auszubauen. Als kompromißloser Verfechter einer trockenen steirischen Weinlinie war es nur zu verständlich, daß ich immer wieder auf jene beispielhaften Weingüter hinwies, die frühzeitig und sehr erfolgreich ihre Weine auf die urtypische steirische Weineigenart "fruchtig – duftig – trocken" umgestellt hatten. Diese zeigten den Weg vor, den der steirische Wein gehen mußte, um gegen die Konkurrenz aus dem In- und Ausland bestehen zu können. Heute sind sich selbst internationale Weinjournalisten einig: Der Siegeszug dieses steirischen Weines ist nicht aufzuhalten.

Steirische Medienvertreter zeigen sich erst recht überzeugt davon, daß der steirische Rebensaft keinen internationalen Vergleich zu scheuen braucht, und sind stolz darauf, für ihn die Bühne bieten zu dürfen.

Innerhalb von nicht einmal zwei Jahrzehnten (!) konnte von den qualitätsbesessenen, mit bestem Fachwissen ausgestatteten Weinbauern ein völlig neues Weinimage aufgebaut werden. In diesem Buch "Der steirische Wein" stellen sich auch jene Weingüter vor, die das "Steirische Weinwunder" – ein von vielen Fachjournalisten gerne verwendetes Zitat – bewirkten. Dieser beispielhafte Erfolg erfüllt mich nicht nur von Berufs wegen, sondern auch ganz persönlich mit großer Freude und Genugtuung.

Die prachtvolle Landschaft des steirischen Weinlandes bietet dem Fotographen herrliche Perspektiven und Motive auf Schritt und Tritt. So ist dieses Buch in seinem Ehrgeiz, dem Leser das zu vermitteln, was in dieser Landschaft mitschwingt, fast zu einem Bildband geraten. Viele informative Bilder zeigen, wie sehr das steirische Weinland vom Bergweinbau dominiert wird. Die hohen Anforderungen in den steilen Weinbergen prägen die steirischen Weinbauern in ganz besonderer Weise und nicht zuletzt deshalb wollen sie das Beste in Weingarten, Keller und Marketing erreichen.

Geschichte, Gegenwart und ein Blick in die Zukunft der steirischen Weinwirtschaft fehlen in diesem Buch ebensowenig wie die steirische Sortenvielfalt in Wort und Bild.

Steirische Besonderheiten, wie eine Liste der Steirischen Weingasthöfe oder die rechtliche Sonderstellung des Steirischen Buschenschanks, finden sich hier genauso wie ein Vokabular für Weinliebhaber oder Tips für das richtige Genießen von Wein. In zahlreichen Fotos ist das Brauchtum rund um den Steirischen Wein Thema. Nicht zuletzt hier zeigt sich ein wenig die Seele dieser begnadeten Landschaft.

Gedacht ist dieses Buch daher nicht nur für alle Liebhaber und Kenner des steirischen Weines, sondern auch für alle, die ein aktuelles, informatives und schönes Buch über das Weinland Steiermark besitzen oder verschenken wollen.

Weinbaudirektor der Steiermark

Das Weinland Steiermark

SEITE

12 Die Nachfrage ist größer als das Angebot
13 Hier herrscht der Bergweinbau vor
15 Die Standortbedingungen für den steirischen Weinbau *(Das Klima/Die Böden)*

Die Weinbauregion Steiermark wird in drei Weinbaugebiete unterteilt

Die Südoststeiermark
19 Weinstraßen in der Südoststeiermark
19 *Die Klöcher Weinstraße*
19 *Die Thermenland-Weinstraße*
20 *Die Südoststeirische Hügelland-Weinstraße*
20 *Die Oststeirische Römer-Weinstraße*
Die Südsteiermark
23 Weinstraßen in der Südsteiermark
23 *Die Südsteirische Weinstraße*
26 *Die Sausaler Weinstraße*
26 *Die Rebenland-Weinstraße*
Die Weststeiermark
29 *Die Schilcher-Weinstraße*

Ein kurzer geschichtlicher Überblick

31 Der blaue Wildbacher - eine heimische Urform?
32 Stifte und Klöster als Weinherren
32 Einfuhrverbot für ausländischen Wein
33 Bereits mehr als 200 Jahre Buschenschank-Patent
34 Aufschwung durch Erzherzog Johann
34 1846 tagen die deutschen Landwirte in Graz
37 Die steirischen Winzer
37 Ein klein gewordenes Weinland beginnt sich zu behaupten
38 Gesetzlich festgelegte Anbaubeschränkung
38 Rückschritt und Wiederaufbau
38 Weinkosten und Kellereigründungen
41 Der steirische Wein ringt um seine Existenz
42 Die Landesregierung schuf die Voraussetzungen
42 Das Weinland Steiermark erlebt einen unvergleichlichen Aufschwung
42 Ein beispiellos ehrgeiziges Qualitätsstreben
44 Aus- und Weiterbildung ist selbstverständlich
44 Der fruchtig-duftige Steirerwein auf der Überholspur
45 Der Hang zur Perfektion
46 Ausblick in die Zukunft der Weinwirtschaft

Seite

Das Weinland Steiermark Ende des 20. Jahrhunderts

51 Die Steiermark ist das Weißweinland
53 Die Weingartenfläche bleibt jetzt konstant
53 Handlese oder Maschinenernte?
53 Die steirische Sortenvielfalt – ein wirtschaftlicher Unsinn?

Die Rebsorten der Steiermark (Stand 1997)

64 Aktuelle Sortenverteilung und Trends

Die Weingüter der Steiermark mit allgemein anerkannter Qualität

69 Zur Auswahl der Betriebe
70 Preise für steirische Weine des Jahrgangs 1997, *Stand Mai 1998 (Ab-Hof-Verkauf)*
70 Zum Thema Weinjahrgänge
74 Südoststeiermark
91 *Weitere empfehlenswerte Betriebe*
94 Südsteiermark
146 *Weitere empfehlenswerte Betriebe*
150 Weststeiermark
163 *Weitere empfehlenswerte Betriebe*

Weingemeinschaften

167 Gesamtsteirische Gemeinschaften
168 Regionale Gemeinschaften
176 Die steirischen Weingasthöfe

Anhang

184 Das österreichische Weingesetz (Auszug)
186 Weingesetzliche Bestimmungen
192 Kleines Vokabular
196 Wie trinkt man Wein?
198 Das richtige Glas

Das Weinland Steiermark

Die Nachfrage ist größer als das Angebot

Mit 3.650 Hektar Rebfläche ist das Weinland Steiermark nach Wien das kleinste weinbautreibende Bundesland in Österreich.
Es hat damit 7% Anteil an Österreichs Rebfläche, ist aber nur mit 5% am österreichischen Weinaufkommen beteiligt, weil der Hektarertrag in der Steiermark mit 4.100 Litern Wein deutlich unter dem Bundesdurchschnitt liegt. 3.670 Betriebe befassen sich derzeit mit Weinbau. Es gibt nur wenige Großbetriebe, die Klein- und Mittelbetriebe überwiegen.
Der Jahresertrag im steirischen Weinbau betrug 1997 ca. öS 650 Mio.! Der Verkauf des steirischen Weines erfolgt zu fast 80% über die Selbstvermarktung und in den rund 800 Buschenschenken. Zielgruppen sind Gastronomie, Vinotheken, Weinkenner und die vielen Gäste aus nah und fern, die diese einzigartige Kultur- und Erholungslandschaft jährlich besuchen.
Urlaub am Weinbauernhof, Weineinkauf bei "meinem" Weinbauern, Freundschaft schließen mit den gastfreundlichen Menschen und der unversehrten Weinlandschaft sind heute sehr beliebt.
Die noch immer stark steigende Nachfrage nach dem "Steirerwein" führt jährlich bei den bekannten Weingütern zu frühzeitigem Ausverkauf.

Hier herrscht der Bergweinbau vor

Im Südosten Österreichs gelegen, hat der Weinbau in der Steiermark eine völlig andere Ausprägung als in den anderen Weinländern Österreichs. Über 62% aller Rebflächen befinden sich in Hanglagen mit über 26% Neigung. Fast 20% davon sind zwischen 40 – 70% steil.

Die Weinerzeugung im Bergweinbau ist logischerweise wesentlich arbeitsaufwendiger und nur mit teuren Spezialgeräten möglich. Insgesamt gesehen wird hier der Weinbauer wesentlich mehr gefordert, weshalb er sich besonders mit seinem Produkt identifiziert. Die Produktionsmethoden sind bedingungslos auf Qualität ausgerichtet, aber auch auf naturnahe Arbeitsweise wird größtes Augenmerk gelegt. Die Weingärten werden durch integrierte Methoden, d. h. Dauerbegrünung, gezielte Dünge- und Pflanzenschutzmaßnahmen umweltfreundlich bearbeitet. Und dies nicht erst, seit die EU dafür Geld gibt, sondern in der Steiermark schon seit Jahrzehnten.

Die Standortbedingungen

Das Klima

Das Steiermärkische Landesweinbaugesetz sieht für Neuauspflanzungen in § 5 Abs. 3 vor: "Nord-, Nordwest- und Nordosthänge sowie frostgefährdete Standorte sind für den Weinbau nicht geeignete Lagen." Nachdem Neuanlagen gemeldet werden müssen und auch überprüft werden, gelangen Reben nur in Ost-, Süd- und Westlagen mit allen Übergängen innerhalb dieser zur Auspflanzung. Was die Frostgefahr betrifft, sagen Klimatologen und langjährige Erfahrungen, daß die Reben in einer Zone von 250 m bis höchstens 600 m gedeihen. Ideale Bedingungen herrschen in der Südoststeiermark ab einer Untergrenze von 280 bis 300 m, die gegen Süden und Westen auf 450 bis 550 m ansteigen. Dabei ist das örtliche Kleinklima sehr ausgeprägt, die Rebhänge lassen die Kaltluft in die Täler abfließen und im Herbst, wenn die Sonnenstrahlen schräg einfallen, treffen sie direkt die Steilhänge im steirischen Weinland; daher auch der Slogan "Steirischer Wein – der Sonne am nächsten".

Der Unterschied zwischen Tag- und Nachttemperaturen ist besonders im Herbst sehr groß, die Duft- und Bukettstoffe werden dadurch in unvergleichlichem Maße gefördert. Die Steiermark liegt an der Schnittstelle von illyrischem-feuchtwarmem Mittelmeerklima im Westen und Süden und pannonischem Klimaraum mit heißen, relativ niederschlagsarmen Sommern im Südosten.

Die jährlichen Regenmengen liegen im weststeirischen Weinbaugebiet bei durchschnittlich 1.200 mm, sie nehmen gegen Osten auf 800 mm ab. Infolge dieser Klimagegensätze – im Kleinen wie im Großen – wachsen hier Weine mit einer Bukett- und Geschmacksvielfalt wie kaum in einem anderen Weinland.

Die Böden

Im südostlichen Bereich um Klöch, Straden, Bad Gleichenberg, Kapfenstein und nicht zuletzt Riegersburg finden sich Böden vulkanischen Ursprungs. Die aufragenden Vulkankegel in dieser Landschaft sind Zeugen einstiger vulkanischer Tätigkeit, wie auch die rote Erde um Klöch und die Funde von Olivin, einem olivgrünen Halbedelstein, um Kapfenstein. Sandige Lehme und Tonerden ergeben zusammen mit den Basaltverwitterungsböden mittelgründige, mäßig schwere bis schwere, nährstoffreiche Böden.

In den Gebieten um Fürstenfeld, aber auch nördlich davon bis um Hartberg und Weiz findet man Wein vorwiegend auf Schieferverwitterungsböden.

Die Südsteiermark weist sehr verschiedene Böden auf: Im Sausaler Gebiet trifft man auf Verwitterungsböden von Glimmerschiefer, sogenannte Felsbraunerden, die seicht bis mittelgründig – meist jedoch "steinreich" sind und zum Austrocknen neigen.

Im Gebiet der Windischen Büheln von Hochgraßnitzberg – Zieregg – Zoppelberg bis nach Glanz, Pößnitz findet sich sandig-toniges tertiäres Sedimentgestein, das mit Kalk oder Kalkkonglomeraten (Muschelkalk) Kalksteinbraunerden ergibt, ohne Kalk jedoch Parabraunerden, sog. Pseudogleye, bildet, die mäßig wechselfeuchte Wasserverhältnisse aufweisen. In der Weststeiermark, an den Ausläufern der Koralpe, finden sich Verwitterungsböden aus Gneis und kalklosen Sedimenten, sogenannte silikatische Felsbraunerden mit guten Wasserverhältnissen. Die Böden sind seicht bis mittelgründig und von leichter bis mittlerer Bodenart.

Das Weinland Steiermark wird in drei Gebiete unterteilt:

Südoststeiermark

Südsteiermark

Weststeiermark

Die Südoststeiermark

Dazu zählen die politischen Bezirke Feldbach, Fürstenfeld, Hartberg, Radkersburg und Weiz, sowie von den politischen Bezirken Graz-Umgebung und Leibnitz die Gemeinden links der Mur. Die südoststeirischen Weinbauern findet man inselartig verstreut und nicht in geschlossenen Anbaugebieten. Nördlich von Hartberg (Pöllau, Schönberg) beginnend, setzt sich der Wein südwärts über Hartberg und Umgebung (Ring) fort ins Thermenland (Bad Waltersdorf, Blumau). Weiter von Weiz – Gleisdorf – Feldbach – Riegersburg – Kapfenstein – St. Peter am Ottersbach (Rosenberg) bis Fürstenfeld (Bad Loipersdorf) nach Klöch und Bad Radkersburg.Bei der Ernteerhebung 1997 (gesetzlich vorgeschriebener Stichtag ist jeweils der 30.11.) waren 2.255 südoststeirische Betriebe mit insgesamt über 1.160 Hektar gemeldet. Die durchschnittliche Betriebsgröße schwankt von Norden mit 0,6 Hektar nach Süden mit 0,8 Hektar bis 1,0 Hektar. Ausgepflanzt sind die wichtigsten steirischen Sorten, es gibt aber besondere Leistungen im Rotweinanbau (siehe Betriebsbeschreibungen!) sowie beim international weithin bekannten Traminer und Gewürztraminer. Wenn man den Klöcher Weinbauern glauben darf, ist ihr Traminer "der Weltbeste".

Straden

Weinstraßen in der Südoststeiermark

Die Klöcher Weinstraße

Sie beginnt in der Kurstadt Bad Radkersburg (Urbani Vinothek) und verläuft Richtung Norden nach Pölten, wo sie sich teilt. Östlich zieht sie geradeaus nach Gruisla, am Hochwart vorbei durch Deutsch-Haseldorf nach Pichla. Die westliche Route führt zur Marktgemeinde Klöch – bekannt durch ihre zu den weltbesten zählenden Traminerweine –, vorbei am Weinbaumuseum mit Vinothek nach Klöchberg, Tieschen und Pichla, wo sich beide Straßen wieder vereinen. Weiter gelangt man über Frutten-Gießelsdorf, Plesch nach St. Anna am Aigen mit der Gesamtsteirischen Vinothek. An Waltra vorbei kommt man nach Kapfenstein, Mahrensdorf und schließlich nach Fehring.

Die Thermenland-Weinstraße

Sie ist die Fortsetzung der Klöcher Weinstraße von Fehring über Unterlamm nach Stein (Bad Loipersdorf). Von Stein windet sie sich über den Buchberg nach Rittschein und führt dann nach Übersbach, wo sie von der Bundesstraße in Richtung Bahnhof abzweigt. Weiter geht es über Stadtbergen und Maierhofberg nach Großwilfersdorf, von dort hinauf nach Herrnberg, wo die Route entlang des Höhenzuges über Reigersberg, Kleegraben, Ziegenberg und Eichberg nach Markt Hartmannsdorf verläuft. Von Markt Hartmannsdorf ist die weitere Streckenführung Richtung Feldbach. Auf der Anhöhe (Saurüssel) zweigt die Weinstraße in Richtung Krennach, Altenmarkt ab und zieht an der Nordwestseite der Riegersburg vorbei bis zur Bundesstraße 66. Nach ca. 1 km in Richtung Ilz zweigt sie über Höherberg nach Breitenfeld ab. Weiter führt sie nach Riegersburg, von dort nach Stang, Hatzendorf und Brunn und endet wieder in Fehring am Beginn der Klöcher Weinstraße.

ÖCHBERG

KIRCHE VON KAPFENSTEIN

BILDSTOCK BEI ST. ANNA

Die Südoststeirische Hügelland-Weinstraße

In Frutten-Gießelsdorf, an der Klöcher Weinstraße, beginnt die Südoststeirische Hügelland-Weinstraße. Diese verläuft entlang der L256 in Richtung Westen, in das durch Klima und Lage begünstigte Weinland Rosenberg, gesäumt von den Weingärten von Neusetz und Hof. Der sich nun öffnende Blick auf den Kirchberg Straden läßt dort und im Umland traditionelle Weinkultur erahnen. Beim Klapotetz in Straden wird dem Besucher der weitere Weg gezeigt. Dieser führt talwärts nach Wieden. Im Ortsgebiet sieht man rechter Hand die Ried "Klausen". Vorbei an steilen Weinhängen zieht die Straße über Nägelsdorf nach Hofstätten. Von hier führt sie über den Hofstättner Berg nach Khünegg und weiter neben den Weingärten des Oberberges nach Perbersdorf. Hier biegt sie in die Landesstraße nach Bierbaum ein. Bei der Frauensäule geht es gerade auf den Bierbaumberg, nun einige Kilometer den Kamm nach Süden entlang, über Steinriegel, Perbersdorf und Kalvarienberg, umrahmt von Weingärten, mit einem herrlichen Ausblick sowohl ins Koralpengebiet wie auch nach Slowenien. Vom Kalvarienberg gelangt man auf die Landesstraße nach St. Peter a. O. Im Zentrum von St. Peter a. O. endet die Südoststeirische Hügelland-Weinstraße. Dort beginnen auch die drei idyllisch angelegten St. Peterer Weinwanderwege.

Die Oststeirische Römer-Weinstraße

Sie beginnt in Gleisdorf am Hauptplatz und verläuft über die Kernstockgasse nach Hohenberg und weiter nach Gamling zur Bundesstraße 54. Nach ca. 2 km zweigt sie in Richtung Prebensdorf bzw. Nitschaberg ab. Über Prebensdorf geht es wieder zurück zur Bundesstraße 54 und weiter in Richtung Pischelsdorf. Unmittelbar vor dem Ort biegt die Weinstraße in Richtung Romatschachen ab und wendet sich über Siegersdorf, St. Johann bei Herberstein in Richtung Stubenberg am See bis zur Abzweigung Schielleiten. Von hier gelangt man zur Abzweigung Schönegg, wo es steil bergauf – mit großartigen Ausblicken auf das gesamte oststeirische Hügelland – über den Schönauberg, ein kurzes Stück der Pöllauerstraße entlang, in Richtung Hartberg geht. Nach Flattendorf zweigt die Route in Löffelbach ab und zieht am Fuße des Ringkogels– mit den höchstgelegenen Weingärten – vorbei nach Hartberg, wo sie über Habersdorf, Schölbing, Mitterberg, St. Magdalena, Rohrbach nach Wagerberg führt und bei der Heiltherme Bad Waltersdorf endet.

GRABKAPELLE BEI SCHLOSS KAPFENSTEIN

DER STEIRISCHE *Wein*

Marktgemeinschaft Steirischer Wein
Hamerlinggasse 3
A-8010 Graz
++43 / 316 / 8050-435
Fax 8050-340
http://www.steirischerwein.at
email: mgwein@steirischerwein.at

Tourismusregionalverband Weststeiermark
Ettendorfer Straße 3
A-8510 Stainz
Tel. 0 34 63 / 49 50
Fax 59 50

Tourismusregionalverband Südsteirisches Weinland
Hauptplatz 24, Rathaushof
A-8430 Leibnitz
Tel. 0 34 52 / 767 11
Fax 715 60
http://www.steiermark.com

Tourismusregionalverband Steirisches Thermenland
A-8350 Fehring, Rathaus
Tel. 0 31 55 / 42 04 - 0
Fax +5
e-mail: steirisches thermenland@computerhaus.at

Tourismusregionalverband Oststeiermark
A-8230 Hartberg
Ressavarstraße 23
Tel. 0 33 32 / 64 2 13
Fax 63 9 90
e-mail: info@oststeiermark.at

Legende
Detailierte Karten und Informationen zu den einzelnen Weinstraßen und Regionen bitte in den jeweiligen Informationsbüros anfordern!
Informationsbüros
Therme
Schloß, Burg, Stift
Vinothek
Flughafen
Flußfähre
1 Südsteirische Weinstraße
2 Sausaler Weinstraße
3 Rebenland-Weinstraße
4 Klöcher Weinstraße
5 Südoststeirische Hügelland-Weinstraße
6 Thermenland-Weinstraße
7 Oststr. Römerweinstraße
8 Schilcher-Weinstraße
A2 Autobahn
S6 Schnellstraße
69 Bundesstraße
Landesstraße
Fließgewässer
See
Grenzübergang
Eisenbahn
M 1:350.000
Die Grundkarte wurde vom Institut für Geografie der Universität Graz erstellt.
KÄRNTEN
SLOWENIEN
Ligist
Mooskirchen
Lieboch
Dobl
Lannach
Stainz
Bad Gams
Deutschlandsberg
Frauental
Groß-St.Florian
Preding
Wildon
Lebring
Leibnitz
Schwanberg
Wies
Eibiswald
Gleinstätten
Großklein
Heimschuh
Gamlitz
St. Johann
Arnfels
Leutschach
Ehrenhausen
Spielfeld
St.Veit a.Vogau Straß i. St.
Weinburg a. Saßbach
St. Nikolai o. D.
St. Peter a.O.
Jagerberg
Kirchbach i.d.Stmk.
St.Stefan i.R.
Kirchberg a.d.R.
Paldau
Feldbach
Gnas
Bierbaum o.A.
Straden
Bad Gleichenberg
Kapfenstein
Fehring
Riegersburg
Fürstenfeld
Therme Loipersdorf
St. Anna a. Aigen
Tieschen
Bad Radkersburg
Gornja Radgona
Mureck
Halbenrain
Raaba
Hausmannstätten
Fernitz
Kalsdorf
St. Marein b. Graz
CZ
SK
D
H
CH
I
SLO
Wien
München
Salzburg
STEIERMARK
Graz

Die Südsteiermark

Das Weinbaugebiet Südsteiermark besteht aus den Gemeinden des Bezirkes Leibnitz, ausgenommen jenen östlich der Mur, und umfaßt 1980 Hektar Rebfläche (lt. Erntemeldung 1997), die von 1142 Weinbaubetrieben bewirtschaftet werden. Die Südsteiermark ist damit flächenmäßig das größte der drei steirischen Weinbaugebiete. Die durchschnittliche Rebfläche je Betrieb liegt über 1,8 (!) Hektar, dies ist sogar für EU-Verhältnisse (ø 1,6 Hektar) beachtlich.

Die südsteirischen Weinbauern findet man in zwei Gebieten, die sich deutlich voneinander unterscheiden: im Sausal und im südsteirischen Rebenland. Letzteres besitzt fast 1.500 Hektar Reben und erstreckt sich von Spielfeld im Osten entlang der Grenze zu Slowenien über Gamlitz – Glanz – Eichberg im Westen. Dieses Rebenland ist eine unvergleichlich reizvolle, unversehrte Kulturlandschaft! Eine Hügelkette reiht sich an die andere, die Südhänge mit Reben, die Nordseite mit Mischwald, darunter die Edelkastanie, bestanden.

Die Hügelkuppen werden von schlanken, aufragenden Pappeln, einem Wahrzeichen des Weinlandes, gekrönt. Nähert man sich vom Süden her, beispielsweise vom Grenzübergang Langegg, dem Rebenland, dann erblickt man unzählige Rebhänge, kommt man dagegen von Graz, dann zeigen die Hügel und Kuppen nur Wälder: im Sommer ein dunkles Grün, im Herbst die buntesten Farben. Die steirische Sortenvielfalt ist hier wohl am ausgeprägtesten! Hervorzuheben ist die einmalige Dichte an großartigen Sauvignons, Morillons, Gelben Muskatellern…

Das Sausal erstreckt sich von Leibnitz gegen die Koralpe und wird von den Flüssen Laßnitz und Sulm eingegrenzt. Mit Kitzeck als Zentrum finden wir hier die höchstgelegene Weinbaugemeinde Österreichs (564 m). Die Rebfläche beträgt nicht ganz 500 Hektar.

Die Weinberge ragen inselartig fast bis zu 700 m Höhe aus der umgebenden Maislandschaft auf. Hier werden Reben in die steilsten Hänge mit bis zu 70% Neigung gepflanzt. Die künftige Generation wird diese Steilhänge nicht mehr in der bisherigen Form bewirtschaften. Daher werden derzeit alle Anstrengungen unternommen, mittels kostspieliger Terrassierungen die tourismusfreundliche Wein-Kulturlandschaft zu erhalten! Wie schon erwähnt, finden sich hier Schieferböden, die besonders im Osten von tertiären Kalken umrandet sind. Deshalb gedeiht hier im Sausal besonders gut der rassige Rheinriesling. Aber auch die übrigen Weißweine des Sausals, wie Welschriesling, Weißburgunder, Morillon, Sauvignon Blanc, zeigen viel Frucht, zartes Bukett und Rasse.

Die Weinstraßen der Südsteiermark

Die Südsteirische Weinstaße

Von allen steirischen Weinstraßen ist die Südsteirische Weinstraße nicht nur die älteste, sondern auch von der Zahl der in diesem Gebiet lebenden Weinbauern die bedeutendste. Sie ist zugleich die bekannteste und am meisten besuchte Weinstraße.Ihrer unbestrittenen Bedeutung wegen werden die Südsteirische Weinstraße und die Orte, die sie verbindet, etwas ausführlicher beschrieben. Ein Ausgangsort ist der Markt Ehrenhausen.

Hier fallen an Sehenswürdigkeiten besonders das weithin sichtbare Schloß und das Mausoleum Ruprechts von Eggenberg hoch über den alten Bürgerhäusern auf. Aber auch das Georgi-Schlößl und der Emmabrunnen am Hauptplatz sind Anziehungspunkte.

Vom westlichen Ortsende schlängelt sich die schmale Straße über Platsch und Berghausen in das Herzstück des südsteirischen Weinlandes und eröffnet dem Besucher eine unvergleichliche Landschaft mit unzähligen Weinbergen, Hügeln und Kuppen. Eine weitgehend unversehrte Wein-Kulturlandschaft mit gepflegten Rebhängen, die von Pappeln und Windrädern (Klapotetz) gekrönt sind, breitet sich vor dem Betrachter aus. Welche Jahreszeit man für den Besuch dieser einzigartigen Landschaft wählt, ist Geschmackssache.

Im Herbst, wenn die Natur in den buntesten Farben leuchtet, kann es vor allem an Wochenenden durch die vielen Besucher entlang der Südsteirischen Weinstraße Platzmangel geben; im Frühsommer und Sommer dagegen geht es verhältnismäßig ruhig und gemütlich zu. Der Winter ist eher den neugierigen Weinkennern vorbehalten, die dem neuen und werdenden Wein nachspüren und womöglich die ersten Weinbestellungen abgeben. Aber zurück zur Südsteirischen Weinstraße. Es hat schon Anläufe gegeben sie auszubauen, breiter sollte sie werden und weniger Kurven sollte sie aufweisen. Erfreulicherweise ist es nicht dazu gekommen, denn der Charme des Weinlandes wäre durch eine "Rennstrecke" empfindlich

gestört, wenn nicht sogar zerstört worden. Von Berghausen mit dem weitreichenden Rundblick windet sich die Strecke entlang der Grenze zu Slowenien und wird abschnittsweise zur "neutralen Straße".

Nach Berghausen und damit auf die Weinstraße kann man auch von Spielfeld, dem wichtigsten Grenzort zu Slowenien, fahren. Spielfeld ist zugleich der östlichste Ort an der Südsteirischen Weinstraße. Auf einer Anhöhe liegt das gleichnamige mächtige Schloß.

Ratsch an der Weinstraße ist erreicht. Die kleine Weinbaugemeinde führt die Südsteirische Weinstraße in ihrem Wappen und anfangs der siebziger Jahre wurde hier eine Kapelle erbaut, die als einzige in der Steiermark dem Schutzpatron der Weinbauern, dem hl. Urban, geweiht ist. Die nächste Ortschaft ist Gamlitz, der Marktort, der als schönstes Blumendorf Europas gekürt wurde, aber weithin bekannt wurde durch die im Jahre 1990 im Schloß Gamlitz veranstaltete Landesausstellung "Weinkultur", die einzige Ausstellung dieser Art in den mitteleuropäischen Weinländern. Hunderttausende Besucher aus dem In- und Ausland haben aus diesem Anlaß die Steiermark, das Weinland und Gamlitz kennengelernt. Diese Veranstaltung hat aber auch viel zum Selbstbewußtsein der steirischen Weinbauern beigetragen. Seit der Landesausstellung beherbergt das Schloß Gamlitz ein Weinmuseum. Hügelauf, hügelab westwärts weiter an Weingärten und Buschenschenken vorbeifahrend, gelangt man in die kleine

Weinbaugemeinde Sulztal, deren Gemeindegrenze größtenteils zugleich Staatsgrenze ist. Das westliche Ende der Südsteirischen Weinstraße erreicht man nach weiteren zahlreichen Kehren und Kurven, mit vielen stimmungsvollen Nah- und Fernblicken, in Leutschach.

Der Marktort ist nicht allein durch den Wein, sondern vor allem durch den Hopfenanbau – dem einzigen in der Steiermark – bekannt. Daher findet in Leutschach alljährlich das Hopfen- und Weinlesefest Ende September statt.

Auch ist der Besuch der im alten Rathaus untergebrachten Weingalerie sehr empfehlenswert. Leutschach hat sich mit den Gemeinden Eichberg, Glanz und Schloßberg zum "Rebenland" zusammengeschlossen. Glanz an der Weinstraße ist nach Gamlitz die zweitgrößte Weinbaugemeinde der Steiermark. In Glanz befindet sich auch eine Außenstelle der Versuchsanstalt des Landes Steiermark für Weinbau. Prüfungen der wichtigsten steirischen Traubensorten stehen hier im Vordergrund.

*Ganz neu ist die **Klapotetzstraße**. Sie führt von Langegg an der Grenze zu Slowenien über Glanz nach Arnfels. An markanten Punkten mit Klapotetzen versehen, erschließt sie ein wenig bekanntes, überaus reizvolles, ursprüngliches Gebiet der Südsteiermark.*

Die Sausaler Weinstraße

Sie beginnt in der Weinstadt Leibnitz, führt zunächst an den Südhängen des Sausaler Weinbaugebietes durch das Sulmtal, zweigt in Fresing von der B 74 ab und steigt steil durch Mischwald bergan bis Kitzeck (Weinmuseum). Von hier windet sich die Straße – oft recht schmal und kehrenreich – durch die steilsten Weingärten der Steiermark, mit herrlichen Ausblicken auf die umliegenden Rebhügel und Tallandschaften, am Demmerkogel (höchste Erhebung des Sausals, 670 m) Richtung Süden über den Sausalerberg nach Maierhof im Sulmtal.

Die Rebenland-Weinstraße

liegt zwischen der Südsteirischen Weinstraße und der Sausaler Weinstraße. Sie führt von Großklein (Anschluß an die Sausaler Weinstraße) nach Eichberg/Trautenburg, weiter zum Karnerberg und über die Fötschacher Höhenstraße nach Leutschach (Anschluß an die Südsteirische Weinstraße).

Varianten

- *von Eichberg/Trautenburg nach Arnfels (Anschluß an die Soboth und nach Kärnten),*
- *von Eichberg/Trautenburg nach Gündorf, einem kleinen Ort im Saggautal,*
- *von Eichberg/Trautenburg über Karnerberg und Kreuzberg nach Großklein.*

Eichberg/Trautenburg mit der 30m hohen Kreuzbergwarte gilt als Geheimtip für Weinkenner. Aber auch landschaftlich ist dieses etwas abseits liegende Gebiet ein besonderer Höhepunkt – nordseitig Mischwald, südseitig steile Weingärten, die "hängenden Weingärten", wie sie einmal ein Dichter nannte, dazu die blumengeschmückten Winzerhäuser – ein ursprünglich gebliebenes, liebenswertes Gebiet.

Kitzeck

Sausaler Kellerstöckl

Herzlich willkommen!
SAUSALER WEINLAND
HÖCH AM DEMMERKOGEL

Hochgrail

Die Weststeiermark

Das Weinbaugebiet Weststeiermark umfaßt die Stadt Graz und die Gemeinden des Bezirkes Graz-Umgebung (mit Ausnahme der Gemeinden östlich der Mur) sowie die Bezirke Voitsberg und Deutschlandsberg. Mit 510 Hektar Rebfläche (Stand 1997) ist es das kleinste steirische Weinbaugebiet. 490 Betriebe bewirtschaften es; die durchschnittliche Rebfläche je Betrieb beträgt rund 1,0 Hektar.

90% der Rebfläche sind mit dem Blauen Wildbacher bepflanzt, aus dem der wohl bekannteste Roséwein, der Schilcher, erzeugt wird. Dazu kommen Müller-Thurgau, Welschriesling, Weißburgunder, etwas Blauer Zweigelt u.a.

Zurecht wird das Weingebiet westlich der Landeshauptstadt Graz "Schilcherland" genannt. Die Grazer waren es auch, die zuerst die weststeirischen Buschenschenken entdeckten und bevorzugten. Einmal wegen der geringen Entfernung, dann auch und das ganz besonders wegen des rassigen, säurebetonten leichten Schilchers.Damals Ende der sechziger, Anfang der siebziger Jahre, gab es in der Steiermark fast nur schwere, süßere Weine, um so beliebter war der Ausflug zum Schilcher in die Weststeiermark. "Davon kann man viel trinken, ohne rauschig zu werden, und eine prima Jause gibt es auch dazu" – war zu der Zeit ein geflügeltes Wort in Graz.

Die verschiedenen Farbnuancen des Schilchers – bekanntlich gibt es ihn zwiebelfarben bis rubinrot – hat man so ausgelegt, daß der Ligister, St. Stefaner und Stainzer Schilcher hell, zwiebelfarben und der Deutschlandsberger und Eibiswalder dunkler, rötlich sei. Tatsächlich wird der gewünschte Farbton des Schilchers durch die Maischestandzeit bestimmt. Maische nennt man die zerquetschten Beeren. Je länger man mit dem Pressen zuwartet, desto mehr Farbstoffe werden aus den Beerenhäuten in den Saft gelangen; die Zeit zwischen dem Zerquetschen der Beeren und dem Preßvorgang ist die Maischestandzeit.

Kurze Maischestandzeit (wenige Stunden) bedeutet hellere Schilcher, weil weniger Farbstoffe aus den Beerenhäuten ausgelaugt werden. Umgekehrt führt längere Maischestandzeit – beim Schilcher bis zu

zwölf Stunden, bei Rotweinen bis mehrere Tage lang – zu dunkleren Weinen. Ein interessantes "Nischenprodukt" ist die Herstellung von Rotwein aus dem Blauen Wildbacher. In besonders guten Jahren gelingen daraus beachtliche Rotweine mit Anklängen an Cabernet Sauvignon; eine höchst interessante Herausforderung für viele Schilcher-Weinproduzenten.
Den Schilcher gibt es in geringen Mengen auch in den beiden anderen Weinbaugebieten, dort erreicht er aber ganz selten die beliebten Eigenheiten der weststeirischen Schilcher. Die Heimat des Schilchers ist daher allemal die Weststeiermark. Das Gebiet wird im Westen von dem über 2.000 m hohen Grenzgebirge zu Kärnten, der Koralpe, geschützt. Von diesem kristallinen Gestein wird auch der Boden in den Schilcherweingärten bestimmt.Den besonderen Reiz des Schilcherlandes macht u.a. der Gegensatz vom gepflegten Wein- und Kulturland über den Tälern hin zum Gebirgswald mit den sich darüber aufbauenden Gipfeln aus.1988 wurde der "Verein zum Schutze und zur Förderung des klassischen weststeirischen Schilchers" gegründet. Als Logo wurde das "Weiße Pferd" in Anlehnung an die Lipizzaner des Gestütes im weststeirischen Piber gewählt. Kurz gesagt: "Wo das Weiße Pferd auf der Flasche ist, da ist garantiert weststeirischer Schilcher drinnen."

Die Schilcher-Weinstraße

Zweigt man in Krottendorf, südöstlich von Voitsberg, von der Packer Bundesstraße B 70 ab, kommt man nach 2 km nach Ligist, dem Ausgangspunkt der Weinstraße. Sie führt zunächst durch die Hügel um Gundersdorf und St.Stefan ob Stainz, über Langegg-Hochgrail nach Stainz.
An der Stainzer Warte vorbei windet sie sich anschließend empor nach Gamsgebirge und Hohenfeld, den zwei aussichtsreichen Scheitelpunkten der Straße. In starkem Gefälle geht es hinunter nach Bad Gams und weiter zur Stadt Deutschlandsberg. Von hier bis zum Endpunkt Eibiswald ist die Weinstraße identisch mit der Radlpaßbundesstraße B 76, außer im Bereich von Hollenegg und Schwanberg. Mitten in das Schilchergebiet gelangt man auf der Südautobahn über die Abfahrt Steinberg. Besonders bevorzugt wird diese Zufahrt von Wien und Kärnten aus.

Ein kurzer geschichtlicher Überblick

Zum besseren Verständnis und als Zugang für den geneigten Leser zur heutigen Hochkultur des steirischen Weines ist der nachfolgende geschichtliche Auszug gedacht. Hochinteressantes über die vielhundertjährige Geschichte des Weinbaues in der Steiermark kann man der Festschrift zum 60jährigen Bestand des Landes-Obst- und Weinbauvereines für Steiermark, verfaßt von Ök.Rat Josef Karl unter Mitwirkung von Dr. Heinrich Stöger, Dipl.Ing. Anton Katschner und Ing. Rudolf Reiter, aus dem Jahre 1949 entnehmen:
"Steiermark ist ein altes, bekanntes Weinland, und es gibt wohl kaum ein mitteleuropäisches oder in deutscher Sprache verfaßtes Weinbaubuch, in welchem nicht speziell der steirische Weinbau und die im Lande gepflanzten Rebsorten erwähnt werden. Der heimische Weinbau tritt aber, besonders seit der Abtrennung der Untersteiermark an Jugoslawien, weniger durch die Größe seiner Weingartenfläche, als vielmehr durch die Eigenart seiner Anlagen, seiner historischen Entwicklung und seinen Einfluß auf die Rebkulturen anderer Länder hervor."

Der Blaue Wildbacher – eine heimische Urform?

Die Geschichte der Reben in der Steiermark läßt sich bis in das mittlere Tertiär zurückverfolgen. So konnten in den Braunkohlelagern bei Leoben Reste fossiler Reben gefunden werden. Laut dem Ampelographen (Rebsortenkundler) Hermann Goethe geht auch die steirische Sorte "Blauer Wildbacher" auf eine heimische Urform zurück. Aus verschiedenen geschichtlichen Quellen schließt auch Franz Leskoschek, daß der steirische Weinbau sehr alt ist und möglicherweise bereits bei den Kelten, welche in der La-Tène-Zeit (400 v. Chr., somit noch vor der Besetzung unseres Gebietes durch die Römer) unser Land besiedelten, bekannt war.
Die Annahme, daß Kaiser Probus den Weinbau in Pannonien eingeführt habe, ist daher nicht haltbar. Die römischen Schriftsteller Strabo und Dio Cassius erwähnen den Weinbau in der Gegend der heutigen Südsteiermark bereits vor der Besitznahme durch die Römer. Wohl aber ist Kaiser Probus die Verbreitung und Veredelung des Weinbaues zuzuschreiben. Aus vielen römischen Funden kann man schließen, daß zur damaligen Zeit der Weinbau in der Steiermark weit verbreitet war.
Der angeblich erste urkundliche Nachweis über den Weinbau ist aus einer Besitzbestätigung vom 20. November 890 zu Mattighofen zu entnehmen, wonach König Arnulf der Kirche in Salzburg zehn Weingärten bei Pettau schenkte. Nach Prof. Cerwinka ist diese Urkunde allerdings eine Fälschung, die vermutlich zwischen 970 und 977 verfaßt wurde.
Der steirische Weinbau hatte im ausgehenden Mittelalter eine Ausdehnung, von welcher wir uns heute kaum eine Vorstellung machen können, da Reben vielfach in Gegenden gezogen wurden, in denen es heute keinen Weinbau mehr gibt: z.B. Allerheiligen im Mürztal, St. Lorenzen bei Murau, Kumpitz bei Judenburg.

Stifte und Klöster als Weinherren

Die ersten Nachweise über mittelalterlichen Weinbau in der Steiermark reichen in das 10. Jahrhundert zurück. Diese Zeit ist eng verbunden mit der Besitzgeschichte der Kirche im Lande. Es war das Erzbistum Salzburg, das Weingärten in der ehemaligen Untersteiermark und im Sausal durch königliche Schenkungen erhielt.

Neben das Hochstift Salzburg, das Weingärten hauptsächlich bei Leibnitz, in den Windischen Büheln und um Marburg und Pettau betrieb, traten die Klöster und Stifte der Steiermark: Admont mit Weingärten in der Süd- und Weststeiermark, Rein in der Umgebung des Klosters (bei Graz), aber auch in weiter entfernten Gebieten, das Stift Seckau in der West- und Oststeiermark, Vorau, um Gratwein, Stübing, Deutschfeistritz und Semriach. Gerade für die kirchlichen Gemeinschaften bedeutete der Wein mehr als bloßes Getränk. Er war als Meßwein unverzichtbar, dazu kam die Wertschätzung des Weins als Heilmittel, wie es in den Klosterspitälern des Mittelalters zur Anwendung kam.

Einfuhrverbot für ausländischen Wein

Man schützte schon damals den heimischen Weinbau gegen Einfuhr fremden Weines! Friedrich II. verbot 1240 die Einfuhr, Rudolf I. erneuerte 1278 dieses Verbot. Albrecht I. verschärfte es 1296, ebenso Albrecht V. im Jahre 1432. Eine beträchtliche Einschränkung des Weinbaues im 16. und 17. Jahrhundert erfolgte durch kriegerische und politische Wirrnisse, Seuchen und Heuschreckenschwärme. Die Städte und Märkte waren teilweise entvölkert, viele Güter verödet, und die Landflucht nahm immer mehr zu. In diese Zeit fällt wahrscheinlich die Aufgabe der Rebkulturen in jenen Gegenden, die heute keinen Weinbau mehr betreiben.

Trotz der Einschränkung des Weinbaues um diese Zeit spielte dieser wirtschaftlich noch immer eine bedeutende Rolle, was daraus zu entnehmen ist, daß im 16. Jahrhundert in den steirischen Städten die Ratsherren (Mitglieder der Gemeindevertretung) zur Lesezeit einen Monat Ferien hatten.

Ein kurzer geschichtlicher Überblick

Bereits mehr als 200 Jahre Buschenschank-Patent

Im 18. Jahrhundert gab es unter Kaiserin Maria Theresia und Josef II. (1740-1790) eine wirtschaftliche Erholung und somit bessere Zeiten für den Weinbau. Aus Josefs Regierungszeit stammt das noch heute wirksame kaiserliche Patent von 1784, wonach die Untertanen selbsterzeugte Lebensmittel, unter denen besonders Wein und Obstmost erwähnt werden, beliebig frei verkaufen können.

Ein beinahe nichtiger Anlaß zu Ende des 18. Jahrhunderts brachte diese Josefinische Zirkularverordnung von 1784: Die Wirte eines kleinen Ortes in der Grafschaft Görz beklagten sich lautstark, daß sie ihr Herr, ein Graf Delmetri, zwingen wollte, ausschließlich Wein aus seinen herrschaftlichen Gütern auszuschenken. Kaiser Josef II. reagierte darauf mit besagter Verordnung, die den Bauern das Recht zubilligte, eigene Erzeugnisse selbst zu verkaufen, und zwar “zu allen Zeiten des Jahres, wie, wann und zu welchem Preis sie wollen”.

Das erste Buschenschankgesetz der Steiermark stammt aus dem Jahre 1928. Es wurde 1979 den geänderten Verhältnissen angepaßt, eine weitere Novellierung ist derzeit im Gange. Dabei geht es vor allem um den Namen Buschenschank, der für die Weinbauern geschützt werden soll, sowie um die Erlaubnis, alle selbst erzeugten bäuerlichen Produkte im Buschenschank verkaufen zu dürfen. Zur deutlichen Abgrenzung gegenüber der Gastronomie sollen z.B. warme Speisen oder Kaffee selbstverständlich weiterhin verboten bleiben.

Die bäuerliche Jause, zum vielfältigen, hochqualitativen Weinangebot inmitten der einzigartigen steirischen Weinlandschaft genossen, kommt dem heutigen Trend zurück zu Natur und Originalität, zurück zu den Wurzeln in höchstem Maße entgegen.

Aufschwung durch Erzherzog Johann

Nach einem Rückgang des Weinbaues zu Beginn des 19. Jahrhunderts folgte dank Erzherzog Johann ein Aufschwung besonders hinsichtlich der Qualität des steirischen Weines. Der Erzherzog kaufte 1822 in Pickern bei Marburg einen Besitz, berief einen Kellermeister aus dem Rheingau und führte zahlreiche bis dahin unbekannte Rebsorten aus dem Ausland, wie vor allem Rheinriesling, Traminer, Burgunder und Sylvaner, ein. Infolge der Initiative Erzherzog Johanns kann unser Land im 19. Jahrhundert auf eine reichhaltige Literatur, besonders auf dem Gebiet der Rebsortenkunde, hinweisen. Im Jahre 1854 wurden im Lande nicht weniger als 425 verschiedene Rebsorten gezählt, die hier zu Versuchszwecken angepflanzt waren.

An Literatur über Rebsortenkunde seien beispielsweise erwähnt: "Versuch einer systematischen Zusammenstellung der in Steiermark kultivierten Weinreben" von Lorenz Edlen von Vest, "Systematische Klassifikation und Beschreibung der im Herzogtum Steiermark vorkommenden Rebsorten" von Franz Trummer. Hermann Goethe, Direktor der im Jahre 1872 gegründeten Obst- und Weinbauschule in Marburg schrieb 1878 "Handbuch der Ampelographie". Diesem Fachmann verdanken wir auch die Züchtung der amerikanischen Unterlagsrebe Rupestris Goethe 9. Es dürfte nicht überheblich sein, die Steiermark im 19. Jahrhundert als das klassische Land der Ampelographie zu bezeichnen.

1846 tagen die deutschen Landwirte in Graz

Die besondere Stellung der Landwirtschaft und des Weinbaues in der Steiermark um die Mitte des 19. Jahrhunderts mag daraus hervorgehen, daß die X. Versammlung der deutschen Landwirte, welche das gesamte Gebiet Deutschlands und Österreichs umfaßte, im Jahre 1846 in Graz unter dem Präsidium von Erzherzog Johann abgehalten wurde. Hiebei spielte der steirische Obst- und Weinbau eine hervorragende Rolle. Unter den der Weinprüfungskommission vorgelegten 223 Weinsorten aus der Monarchie und Deutschland kamen 156 aus der Steiermark.

Einzelne steirische Interessenten, z. B. der ständische Versuchshof, hatten 196 Traubensorten, Erzherzog Johann aus Pickern 120 Sorten ausgestellt. Aus den nördlichen Weinbaugebieten kamen z. B. aus Stallhofen 40 Traubensorten, aus Hartberg wurden 60 zur Begutachtung vorgelegt. Diese günstige Entwicklung des Weinbaues wurde durch drei Ereignisse wesentlich gehemmt: die Einschleppung des Oidium (1850), das Auftreten der Peronospora (1878) und der Reblaus (1880).

Ein kurzer geschichtlicher Überblick

Willkommen

Die steirischen Winzer

Eine Besonderheit des steirischen Weinbaues in früherer Zeit soll nicht unerwähnt bleiben: Die Bewirtschaftung der Weingärten erfolgte vielfach durch Winzer, eine Einrichtung, welche bereits aus dem Mittelalter stammen dürfte. Infolge der Berglagen der Weingärten fern vom Wirtschaftshof, aber auch, weil die Besitzer von Rebanlagen wie Herrschaften, Klöster, Bauern in der Ebene und Bürger die Bearbeitung selbst nicht durchführen konnten, waren die Winzer notwendig.
Laut Winzerordnung im steirischen Landesgesetz 1886 bzw. 1898 waren Winzer jene Personen, welche mit eigenem Haushalt, eigenem Vieh und Inventar, vorwiegend gegen Überlassung von landwirtschaftlichen Grundstücken und teils Geldleistungen die Bearbeitung der Weingärten durchführten.

Ein klein gewordenes Weinland beginnt sich zu behaupten

Mit der Beendigung des Weltkrieges 1918 ging ein großer Teil der südlichen Steiermark, die ehemalige Untersteiermark, und damit 30.000 Hektar Weingärten verloren. Mit viel Schwung wurde die Förderungsarbeit im Weinbau begonnen. Rebzüchtungen und Selektionen verfolgten das Ziel der Ertragssteigerung und Ertragssicherheit wie auch der Qualitätsverbesserung. Gut in Erinnerung ist Ök.Rat Alois Pirstinger mit seinem im ganzen Land eingeführten Rebschnitt.
Die durch den Friedensvertrag geschlossenen Handelsverträge brachten die Einfuhr von Weinen aus dem Ausland, welche eine sehr ernste Konkurrenz und Gefahr für den Absatz der steirischen Weine bedeutete. Zwangsläufig mußte eine entsprechende Werbung für den steirischen Wein einsetzen.Im Jahre 1927 wurde in den Gremien des Landes-Obst- und Weinbauvereines für Steiermark der Entschluß gefaßt, ständige Werbe-Weinkosten unter verständnisvoller Mitwirkung der Steiermärkischen Landesregierung und später der Landes-Landwirtschaftskammer zu veranstalten.
Die Landesförderungsorgane arbeiteten mit allen Mitteln an der Aufklärung der Weinbauern, immer in Richtung einer Produktions- sowie Qualitätssteigerung. Besonderes Augenmerk wurde auf Sortenwahl, Stockauslese, Pflege der Reben und Kellerwirtschaft gelenkt.

Gesetzlich festgelegte Anbaubeschränkung

Mit dem Bundesgesetz vom 5. März 1936 wurde das Anpflanzen von Direktträgern verboten. Nach diesem Gesetz waren Neuanlagen von Edelweingärten nur auf jenen Flächen erlaubt, die seit 1925 schon Weingärten oder bis 31. Jänner 1936 bereits für die Anlage eines Weingartens pflanzfertig waren. Um die Wirkung der Anbaueinschränkung noch zu steigern, wurde das Bundesgesetz vom 4. November 1936 erlassen, worin eine flächenmäßige Begrenzung des Weinbaues in jedem Bundesland und die Rodung der Direktträgerweingärten bis 1946 vorgesehen war. Für die Steiermark waren 4.000 Hektar zur Bepflanzung festgelegt.

Aus dem Vorhergesagten geht klar hervor, daß alle genannten Gesetze darauf abzielten, die Produktion einzuschränken, die Qualität zu heben und die Preise vor einem weiteren Verfall zu schützen, da die gebotenen Verkaufspreise für Wein in vielen Fällen die Gestehungskosten nicht mehr deckten. Mit dem Jahre 1938 war die Weinabsatzkrise wohl vorbei, jedoch brachte der Krieg nach zwanzigjähriger produktiver Aufklärung einen neuerlichen Stillstand in der Förderungsarbeit.

Rückschritt und Wiederaufbau

Als schwierigstes Jahr ist wohl 1945 anzusehen. Die zu Ende gehenden Kriegsereignisse hinderten vielfach die Weinbauern an den Kulturarbeiten, auch Inventar, Fässer usw. gingen verloren. Besonders litten die unmittelbaren Kampf- und Partisanengebiete. Ende des Jahres 1945 wurden wieder Weinbauwanderlehrer eingestellt und mit der systematischen Wiederaufbauarbeit begonnen. Schwerpunkte waren vor allem die Ausbildung des Weinbauernnachwuchses, Ertragssteigerung und -sicherung durch Selektionen und Anlegen von Klonengärten (Klonen nennt man die Nachkommen einer Mutterpflanze = Elitepflanze einer Sorte). Im Jahre 1948 wurde durch das neue Rebenverkehrsgesetz die genaue Kontrolle der Rebschulen vorgeschrieben.

Die seit 1947 in allen Weinbaugebieten veranstalteten Lehrweinkosten führten ebenfalls in hohem Maße zur Qualitätssteigerung und zur Erzeugung von Flaschenweinen. Regelmäßige Untersuchungen von Traubenmosten und Weinen und der Weingartenböden durch die Landwirtschaftlich-chemische Versuchs- und Untersuchungsanstalt in Zusammenarbeit mit der Landwirtschaftskammer trugen auch entscheidend zur Schulung und Aufklärung der Weinbauern bei.

Weinkosten und Kellereigründungen

In den nächsten Jahren folgten intensive Bemühungen aller beteiligten Stellen im Lande um den steirischen Weinbau. Wahllos seien aus den Tätigkeitsberichten der Landwirtschaftskammer einige der vielen bemerkenswerten Meilensteine erwähnt: Im Jahre 1951 wurden 21 Lehrweinkosten mit 975 Weinen, drei Bezirksweinkosten und eine Landesweinkost mit 102 Weinproben abgehalten. Weiters fand in Leibnitz eine Bundestraminerweinkost statt.

Es kam zur Gründung der Weinkellereigenossenschaft Klöch mit 300 Mitgliedern. Ein Jahr später entstand die Untersteirische Weinkellereigenossenschaft Leibnitz mit 160 Mitgliedern. In das Jahr 1959 fiel auch die Gründung der "Steirischen Weinkellerei" in Graz als Zentrale für alle Genossenschaftskellereien sowie der ost- und weststeirischen Genossenschaften Fehring bzw. Stainz.

Ein kurzer geschichtlicher Überblick

Der steirische Weinbau ringt um seine Existenz

In den darauffolgenden Jahren wurde besonders die Rationalisierung vorangetrieben, weil immer mehr Winzer in andere Berufssparten abwanderten. Im Jahre 1960 betrug die Weinbaufläche nur mehr 1.646 ha. Der steirische Bergweinbau ist betriebswirtschaftlich gegenüber den in ebenen Lagen gepflanzten Weingärten stark benachteiligt. Daher war es wesentlich, Maßnahmen zu ergreifen, die die Betriebskosten senkten. Dazu zählte die Umstellung vom offenen Weingartenboden auf Dauerbegrünung, wodurch das sehr zeit- und arbeitsaufwendige Weingartenhauen wegfiel und das Abschwemmen fruchtbarer Erde bei starken Gewitterregen verhindert wurde. Die vielfältige Pflanzendecke im Weingarten bewirkt zudem ein reiches Bodenleben und trägt somit zu ausgeglichener Ernährung der Rebstöcke bei.
Sehr kostensparend wirkte sich auch die Umstellung von der niederen Stockkultur zur arbeitsparenden Hochkultur ab dem Jahre 1963 aus. Zwangsläufig entwickelte sich der Weinabsatz immer mehr in Richtung Selbst- und Buschenschankvermarktung, daher erfolgten der Ausbau der Kellerwirtschaftsschulung und verstärkte Werbemaßnahmen. 1970 fand die 1. Steirische Weinwoche in Leibnitz statt mit Erhebung der Stadt Leibnitz zur Weinstadt, Wahl und Krönung der ersten steirischen Weinkönigin Ulrike I., Schaffung des steirischen Weinglases als attraktives Werbemittel.
Am 17.3.1975 wurde der Landesweinbauverband Steiermark gegründet, 22 Weinbauvereine mit 1.260 Mitgliedern schlossen sich zusammen. Dem Tätigkeitsbericht 1985 können wir die Schwerpunkte der Jahre 1975 bis 1984 entnehmen:

Grenzlandhilfe für die Weinbauern

Verankerung des Schilcherschutzes im österreichischen Weingesetz für die Weinbauregion Steiermark

Hilfestellung bei schweren Frost- und Hagelschäden

Erstellung des Bergweinbaukatasters unter Mithilfe des Landes

Betriebsmittelkreditaktionen mit finanzieller Unterstützung des Landes und des Bundes

Am 5. Jänner 1977 wurde der Verein “Schutzring für Wein aus steirischen Trauben” gegründet.

Seine Aufgaben:
... alle steirischen Weinbauern zu erfassen, die ausschließlich Wein aus steirischen Trauben produzieren und für eine zielführende Absatzförderung der steirischen Trauben- und Weinproduktion eintreten.

Die Landesregierung schuf die Voraussetzungen

Die steirische Landesregierung unterstützte tatkräftig und wirksam den steirischen Weinbau, denn er leistete vor allem in Form des Bergweinbaues einen unverzichtbaren Beitrag zur Erhaltung einer einmaligen Kulturlandschaft und brachte wirtschaftliche Dynamik in die Grenzregionen.
Hervorzuheben sind insbesondere die Weinbaupläne I – III, in deren Rahmen seit 1961 die Regenerierung und Aufstockung der Bestände sowie Umstellungs- und Modernisierungsmaßnahmen gefördert wurden. Mit dem Steirischen Landesweinbaugesetz und der Anlage des Landesweinbaukatasters wurden dem steirischen Weinbau neue Impulse gegeben.Die geplanten Förderungsmaßnahmen sollten die steirischen Weinbaubetriebe gesund und leistungsfähig erhalten: *als Voraussetzung für die Sicherung der Qualitäten und Spezialitäten des steirischen Weinbaues für Pflege der Kultur- und Erholungslandschaft und für die Erhaltung der Besiedelung des Grenzlandes.*

Das Weinland Steiermark erlebt einen unvergleichlichen Aufschwung

Seit etwa Mitte der achtziger Jahre gipfeln Berichte über das Weinland Steiermark in Ausdrücken wie:

"Die Steiermark geht neue Wege"

"Eine stille Revolution im steirischen Weinbau"

"Der Höhenflug des steirischen Weines"

"Das steirische Weinwunder"

"Steirische Weine erreichen internationale Spitzenplätze" ...

Der Aufschwung der Steirerweine innerhalb kürzester Zeit ist kein Zufall! Viele Dinge sind dafür verantwortlich, einige davon sollen aufgezeigt werden:

Ein beispiellos ehrgeiziges Qualitätsstreben

Mit maßgeblich war und ist die starke Verjüngung in der Weinbauernschaft in den letzten 10 bis 15 Jahren. Die jungen, ehrgeizigen Weinbauern besannen sich – angespornt von erfolgreichen Weinbaupionieren – wieder auf die von der Natur vorgegebene steirische Weineigenart: fruchtigfrisch, leicht im Alkohol. Man baute die Weine wieder sortenspezifisch und jahrgangsbetont aus und entwickelte diese zu anerkannten Qualitäten.

Ein kurzer geschichtlicher Überblick

Ehrgeiz und Selbstbewußtsein drängten die jungen Betriebsführer dazu, auch international Anerkennung zu finden. Dies führte zum biologischen Säureabbau und – zumindest teilweise – zum Ausbau im Barriquefaß, nicht nur bei Rotweinen. Heute ist bei guten Jahrgängen und bestimmten Weißweinsorten wie Grauburgunder, Morillon, Sauvignon Blanc der internationale Stil selbstverständlich und in anerkannt höchstem Maße gelungen – ohne daß die steirische Eigenart verloren gegangen wäre. In vielen Betrieben werden heute beide Stilrichtungen "klassisch-steirisch" und "international" angeboten.

Aus- und Weiterbildung ist selbstverständlich

Möglich machte dies neben dem unbändigen Ehrgeiz und Qualitätsstreben der hohe Ausbildungsstand der heutigen Generation. Der Fachschulbesuch in Silberberg ist für jeden angehenden Weinbauern selbstverständlich und Steiermark hat, bezogen auf die Anzahl der Betriebe, die meisten Weinbaumeister des gesamten Bundesgebietes.
Die Interessensvertretung – die Landeskammer für Land- und Forstwirtschaft in Steiermark – begleitet die Weinbauernschaft während des ganzen Jahres mit Rat und Tat. Unterstützung bieten die Landes-Versuchsanstalt für Obst- und Weinbau Haidegg bei Graz und das modernst eingerichtete Beratungs- und Untersuchungslabor des Landesweinbauverbandes.
Auslandsreisen in beispielhafte Weinländer in nah und fern, bereits zu Beginn des Neuanfangs durchgeführt, werden bis zum heutigen Tag fortgesetzt. Sie fördern den Weitblick und erhöhen zusätzlich das Selbstbewußtsein der steirischen Weinbauern.

Der fruchtig-duftige Steirerwein auf der Überholspur

Einen großen Anteil am Erfolg der Steirerweine hatte der bereits in den späten siebziger Jahren einsetzende Geschmackswandel bei den Weinliebhabern: Weg von alkohol- und zuckerlastigen, oft uniformen Produkten hin zu trinkfreudigen, fröhlichmachenden Weinen lautete die Parole!
Aufgrund der Vorkommnisse in Österreich im Jahre 1985 verstärkte sich dieser Trend in ungeahntem Ausmaß, und die leichten, fruchtigen Steirerweine rückten schlagartig ins Rampenlicht der Öffentlichkeit. Kein noch so teures, raffiniertes Marketingkonzept hätte das Weinland Steiermark, seine Weinbauern und Weine in so kurzer Zeit derart positiv bekannt machen können!
Der hohe Grad der Selbstvermarktung von 80% in Form des Ab-Hof-Verkaufes und im Buschenschank in der Steiermark kommt dem derzeitigem Wunsch des Weinkonsumenten nach persönlichem Kontakt mit "seinem" Weinbauern besonders entgegen. Er nutzt den Weinkauf zu einer Ausflugsfahrt in das wunderschöne Weinland, schätzt die Gastfreundschaft und verkostet die neuen Weine. "Man genießt in unveränderter Natur den Wein und die Kultur des Weinlandes!"

Der seinerzeitige Landesrat Riegler erläutert den Weinbaukataster

Der Hang zur Perfektion

Am Ende des geschichtlichen Überblickes über das Weinland Steiermark sind noch einige Daten anzumerken:

Am 13. Mai 1986 wurde vom Steiermärkischen Landtag in Übereinstimmung mit der Weinwirtschaft das Steiermärkische Landesweinbaugesetz beschlossen und am 7. Dezember 1989 sowie am 15. Dezember 1994 novelliert.

Im Jahre 1987 wurde der Verein Marktgemeinschaft Steirischer Wein ins Leben gerufen. Es ist dies der Zusammenschluß von Produzenten und deren verschiedenen Organisationen, der Interessensvertretung sowie dem Weinhandel und der Genossenschaft. Das Ziel dieser – inzwischen äußerst erfolgreichen – Gemeinschaft ist es, für die gesamte steirische Weinwirtschaft höchstwertig Marketing und Werbung zu machen. Das gemeinsame, geschlossene Auftreten der Steirer auf Präsentationen, Messen und bei anderen Anlässen im In- und Ausland ist beispielhaft geworden.

Die heutige so erfolgreiche Generation ist sich ihrer langen wechselvollen Geschichte bewußt, besinnt sich auf das Erbe ihrer Väter und Großväter und ist unablässig bestrebt, neue Erkenntnisse und Erfahrungen in Weingarten, Keller und Marketing zum Vorteil der vielen Freunde des Steirerweines einzusetzen.

Ausblick in die Zukunft der Weinwirtschaft

Das Institut für Agrarökonomik der Universität für Bodenkultur Wien hat 1997 eine Studie zur zukünftigen Struktur der Weinbranche verfaßt, an der auch der Autor mitarbeitete. Die Ergebnisse sind sehr aufschlußreich und sollen auszugsweise hier wiedergegeben und erläutert werden.

Eine wichtige Frage war: ***"Wie werden sich die verschiedenen Betriebstypen in Zukunft entwickeln?"*** Die Antwort lautete: Zukunft haben eindeutig leistungsfähige Weingüter, die eher gegen 10 bis 20 Hektar verarbeiten. Mit dieser Aussage können sich gar nicht wenige steirische Weingüter in ihrer Betriebsentwicklung bestätigt sehen!

Eine weitere sehr wichtige Frage lautete: ***"Unter welchen Voraussetzungen werden sich die kleinen Betriebe (bis 5 ha) eher positiv bzw. eher negativ entwickeln?"*** Die Antwort war eindeutig: Positiv werden sich Familienbetriebe und auch der Betrieb mit Buschenschank sowie mit Fremdenzimmern entwickeln. Ebenfalls positiv entwickeln sich Traubenproduzenten mit Abnahmeverträgen, aber auch Genossenschaftsmitglieder. Chancenlos sind künftig Trauben- und Faßweinproduzenten ohne Abnahmeverträge.

Die Antwort ist wie maßgeschneidert für die Steiermark. Sehr viele kleinere Weingüter erzeugen höchste Weinqualitäten und bieten diese ihren Kunden in Form von kommentierten Verkostungen in dafür eigens geschaffenen Räumlichkeiten und mit höchster Glaskultur an. Die Buschenschankkultur ist in den allermeisten Fällen auf höchster Stufe. Ursprünglich, originell, echt ist hier die Devise. Auch das Angebot "Urlaub auf dem Weinbauernhof" wird immer mehr von Kurzurlaubern angenommen. Erzeugergemeinschaften, das sind Weingüter, die mit Traubenproduzenten längerfristige Abnahmeverträge abgeschlossen haben, beginnen sich erfolgreich zu entwickeln. Voraussetzungen für das Funktionieren solcher Gemeinschaften sind qualitätsbezogene Bezahlung und garantierte Ablieferungsmenge.

Abschließend sei festgestellt, daß die Zukunft der steirischen Weinwirtschaft durchaus gesichert ist, soferne die höchste Qualität im Weingarten, in der Kellerwirtschaft sowie in der Vermarktung (Marketing und Werbung) beibehalten wird und wenn man auch in Zukunft stets der steirischen Weineigenart "fruchtig-duftig-steirisch" treu bleibt. Denn nur dann bleibt der Steirerwein auf dem derzeitigen hohen Marktwert – er ist einmalig, nicht austauschbar. Die Steiermark, ein Weinland mit Charakter!

Das Weinland Steiermark Ende des 20. Jahrhunderts

Im Jahre 1997 haben 3.670 steirische Betriebe die gesetzlich vorgeschriebene Erntemeldung abgegeben. Demnach betrug die gesamte bepflanzte Weingartenfläche in der Steiermark 3.648 Hektar, davon waren 3.494 Hektar in Ertrag. Die insgesamt betrachtet gute Gesamternte betrug – Weißwein, Rot- und Roséwein zusammengefaßt – 14,854.633 Liter. Damit erzeugen die steirischen Weinbauern nur ein Drittel des Verbrauches der steirischen Bevölkerung!
Interessanter als die Gesamtmenge ist der Hektarertrag: Er beträgt 4.250 Liter und liegt damit im langjährigen Durchschnitt. Der im Vergleich zu benachbarten Weinländern geringe Ertrag in den heimischen Weingärten hat mehrere Gründe:
Fast drei Viertel aller Weingärten liegen in der ertragsmindernden Bergweinbauzone – gesetzlich festgelegt ist Bergweinbau ab 26% Hangneigung. Ebenfalls geringere Erträge bringen von Natur aus die vielen in der Steiermark kultivierten kleinbeerigen Sorten Traminer, Sauvignon Blanc, Grauburgunder, Riesling sowie der meist lockerbeerige Morillon.
Sehr entscheidend ertragsmindernd wirkt sich das Streben nach hoher Qualität im Weingarten aus; angefangen vom kurzen Rebschnitt im Winter bis zum mehrmaligen Ausdünnen überzähliger Trauben im Sommer nach Blühende, dann noch einmal bei Reifebeginn und beim streng getrennten Lesen im Herbst, sodaß nur gesunde, vollreife Trauben zu Wein werden.

Landesweinbauschule Silberberg: Meisterschmiede steirischer Weinkultur

Die Steiermark ist das Weißweinland

Nach der Erntestatistik für das Jahr 1997 beträgt der Anteil an Weißwein 73%, an Rotwein 17% und an Schilcher 10%. Diese Zahlen bestätigen die ohnehin bekannte Tatsache, daß man in der Steiermark eine besonders gute und große Auswahl an Weißweinen vorfindet. Sie sagen aber nichts über etwaige Trends aus. In der Tat lag der Prozentsatz an Weißwein jahrzehntelang über 75%. Dieser hat jedoch in den letzten Jahren zu Gunsten des Rotweines abgenommen! Mit der besseren Kenntnis des Rotweinausbaues und dank Anschaffung von für die Rotweinbereitung geeigneter spezieller Einrichtungen ist die Rotweinqualität merklich gestiegen und damit das Interesse der Konsumenten am steirischen Rotwein erwacht.

Ganz besondere Rotweinqualitäten darf man sich – wie übrigens auch bei den Weißweinen – vom Jahrgang 1997 erwarten!

Trotz beachtlicher internationaler Erfolge heimischer Rotweinpioniere bleibt jedoch die Steiermark das klassische Weißweinland. Der Anteil des besonderen steirischen Roséweines aus der Blauen Wildbacherrebe mit dem für die Steiermark gesetzlich geschützten Namen Schilcher wird sich kaum verändern.

Die neuen Weinmajestäten
Daniela I. mit Elisabeth und Silvia

Die Weingartenfläche bleibt jetzt konstant

Die Weingartenfläche hat sich auf rund 3.600 Hektar eingependelt, sie wird sich in nächster Zeit nicht wesentlich erhöhen, weil eventuelle Neuanlagen durch altersbedingte Rodungen ausgeglichen werden. Eher kommt es zu einem Rückgang, weil kleinere Weingärten im Nebenerwerb ersatzlos aufgelassen werden. Die Qualitätsanforderungen sind eben zu hoch, als daß man so nebenher Trauben und Wein erzeugen könnte.

Handlese oder Maschinenernte?

In vielen Weinländern hat sich die maschinelle Lese allein schon aus Kostengründen durchgesetzt. Die dadurch bedingte Qualitätseinbuße beim Wein nimmt man in Kauf. Höchste Weinqualität ist unbestritten nur bei der händischen Lese erreichbar. Deshalb ernten die steirischen Weinbauern ihre Trauben nur von Hand aus, so wie viele Spitzenweingüter in aller Welt.

Die steirische Sortenvielfalt – ein wirtschaftlicher Unsinn?

Die vielen steirischen Sorten verteilen sich nicht auf Gebiete oder Anbauzonen, sondern schon jeder mittelgroße Betrieb kultiviert zumindestens die wichtigsten Sorten wie Welschriesling, Weißburgunder, Morillon, Sauvignon Blanc. Dazu kommen in der Südoststeiermark verstärkt Grauburgunder – dort vorwiegend Ruländer genannt – und Traminer, bzw. Gewürztraminer sowie Müller-Thurgau und Sämling; nicht zu vergessen Blauer Zweigelt und Blauburger.
In der Südsteiermark gesellen sich zu den oben genannten Sorten der Gelbe Muskateller und der Riesling, der zur besseren Unterscheidung vom Welschriesling überwiegend Rheinriesling genannt wird, und ebenfalls der Traminer. Grüner Sylvaner bei den weißen, St. Laurent sowie Cabernet Sauvignon bei den roten Sorten sind vereinzelt auch vorhanden. Die Weststeiermark wird zurecht das Schilcherland genannt. Hier überwiegt eindeutig der Blaue Wildbacher, ergänzt je nach Größe des Betriebes von einigen Weißweinsorten, wie Welschriesling, Weißburgunder, Sauvignon Blanc.
Vor gar nicht langer Zeit – der steirische Wein war gerade im Aufbruch – wurde diese Sortenvielfalt in den steirischen Betrieben von so manchem Marketingguru als wirtschaftlicher Unsinn, der unweigerlich zum Ruin führt, abgetan. Das Weinangebot sei dadurch viel zu unübersichtlich, außerdem in zu kleinen Mengen vorhanden, die Arbeit im Weingarten und vor allem im Keller mit den vielen Gebinden zu aufwendig und zu teuer.
Die Kritiker sind längst verstummt. Das Festhalten an den vielen Sorten hat sich gelohnt, auch wenn auf die damit verbundenen Schwierigkeiten und erhöhten Kosten zurecht hingewiesen wurde.
Denn: Die vielen Sorten reizen zum Gustieren und fördern den Absatz, “jedem Kunden seinen Wein”, “für jeden Anlaß der passende Wein” ...

STAND 1997

Die Rebsorten der Steiermark

Welschriesling

Synonyme	*keine Synonyme bekannt*
Herkunft	*Frankreich, dort aber nicht mehr bekannt*
Verbreitung	*Hauptweißweinsorte der Steiermark*

Weincharakteristik

Aussehen	*als Jungwein hellgrün gelblich, in hoher Qualität als reifer Wein goldgelb*
Geruch	*frisch-fruchtig, bisweilen Aromen von grünen Äpfeln*
Geschmack	*spritzig bis feinwürzig, mit meist gut eingebundener, aber merkbarer Säure*
Essensbegleiter	*ein Wein für viele deftige Speisen (Buschenschankjausen) und für alle Tage*
Lagerfähigkeit	*am besten als Jungwein zu trinken, bei höherer Reife mehrere Jahre haltbar*
Trinktemperatur	*8 bis 10° C*

Weißburgunder

Synonyme	*Weißer Burgunder, Klevner, Pinot Blanc*
Herkunft	*Frankreich*
Verbreitung	*zweithäufigste steirische Weißweinsorte*

Weincharakteristik

Aussehen	*als Jungwein zartgelb gefärbt, mit zunehmender Reife kräftiges Gelb aufweisend*
Geruch	*kein ausgeprägtes Sortenbukett; in guten Jahren und bei längerer Lagerung Duft nach Brotrinde, nussiger Ton*
Geschmack	*kleinere Jahrgänge bringen leichte trinkbare zarte Weine, in guten Jahren hochwertige, harmonische Weine, voll und mild*
Essensbegleiter	*Schweinefleisch, Krusten-, Schalentiere, Eierspeisen*
Lagerfähigkeit	*je nach Jahrgang und Reife 2 bis 4 Jahre*
Trinktemperatur	*10 bis 12° C*

Sauvignon Blanc

Synonyme *keine*
(Die Bezeichnung Muskat-Sylvaner sollte unterbleiben, sie ist irreführend, weil Sauvignon Blanc weder Muskat- noch Sylvanercharakter besitzt. Jedoch soll nicht unerwähnt bleiben, daß im "Weinbaulexikon" von 1930, Verlag Paul Parey, als Synonym für den Sauvignon Blanc auch Muskat Silvaner angeführt wird.)

Herkunft *Frankreich*
Der steirische Sauvignon erzielt bei internationalen Vergleichen höchste Bewertungen und Spitzenplätze. Die deutsche Fachzeitschrift "Alles über Wein" schreibt sinngemäß: Die reinsten Sauvignons kommen aus der Steiermark.

Weincharakteristik

Aussehen *grünlich bis zartgelb bei hoher Reife wie 1997, auch kräftiges Grüngelb*

Geruch *je nach Reife von brennesselartig bei geringer Gradation über grasig und würzige Paprikaschotentöne bis zum kräftigen Cassisausdruck (Schwarze Ribisel)*

Geschmack *facettenreiche Sorte, je nach Jahrgang, Boden und Reife. Ein Wein für Kenner!*

Essensbegleiter *Kalbfleisch, Schalen- und Krustentiere, Fisch, Spargelspeisen*

Lagerfähigkeit *je nach Jahrgang 2 bis 6 Jahre*

Trinktemperatur *ca. 12° C*

Grauburgunder

Synonyme	*Grauer Burgunder, Ruländer, Pinot gris (= angeblich hat im 18. Jahrhundert der Kaufmann Ruland die Rebe aus Frankreich nach Speyer gebracht). Grauburgunder ist eine Spielart des Blauen Blauburgunder.*
Herkunft	*Frankreich*

Weincharakteristik

Aussehen	*gelbgrün, bei hoher Reife zart rötlich*
Geruch	*je nach Ausbauart zart fruchtig bis Karameltöne*
Geschmack	*vollmundig, harmonisch, mild und wegen der fast alljährlichen hohen Reife alkoholreicher als andere Weißweinsorten*
Essensbegleiter	*besonders für Wildgerichte, auch für Pasteten geeignet*
Lagerfähigkeit	*4 bis 8 Jahre*
Trinktemperatur	*12°C*

Rheinriesling

Synonyme	*Riesling, Weißer Riesling*
Herkunft	*wahrscheinlich vom Rhein, Deutschland*

Weincharakteristik

Aussehen	*grünlichgelb*
Geruch	*in der Jugend Duft von Rosen, bei hoher Reife auch nach Pfirsichen oder Marillen*
Geschmack	*die sortentypische kräftige Säure verlangt hohe Reife, dann ist der Riesling ein rassiger Wein*
Essensbegleiter	*Kalbfleisch und anderes helles Fleisch, Fisch*
Lagerfähigkeit	*reift lange; 2 bis 6 Jahre*
Trinktemperatur	*10° bis 12° C*

Gelber Muskateller

Synonym *Muskateller*
Herkunft *Vorderasien, wird zu den ältesten Kelter- und Tafeltrauben gezählt*
Weincharakteristik
Aussehen *helles Gelb*
Geruch *zarter, eleganter Muskatduft*
Geschmack *ausgeprägtes Säurespiel, "extra trocken" bis höchstens 4 g Restsüße ausgebaut ein vorzüglicher Aperitifwein!*
Essensbegleiter *der Aperitif*
Lagerfähigkeit *trocken ausgebaut 2 Jahre, ansonsten länger*
Trinktemperatur *als Aperitif 8° bis 10° C*

Müller-Thurgau

Synonyme *RieslingxSylvaner, Rivaner*
Herkunft *Diese Sorte wurde von Prof. W. Müller im vorigen Jahrhundert aus RieslingxSylvaner gezüchtet, so hat man bis vor kurzem allgemein geglaubt. Auf Grund neuester Untersuchungen an der Höheren Bundeslehr- und Versuchsanstalt Klosterneuburg heißen aber, wie schon früher vermutet, die Kreuzungspartner GutedelxSylvaner.*
Weincharakteristik
Aussehen *helles Grüngelb*
Geruch *dezent erkennbares Muskatbukett, nicht aufdringlich*
Geschmack *angenehm, mild, zart fruchtig, leicht, bekömmlicher Jungwein, als "Junker" bestens geeignet*
Essensbegleiter *Geflügel, Eierspeisen, für den einfachen Mittagstisch*
Lagerfähigkeit *als Jungwein am besten*
Trinktemperatur *10° bis 12° C*

Scheurebe

Synonym *Sämling 88*
Herkunft *Deutschland, von Dr. Scheu aus SylvanerxRiesling gekreuzt*

Weincharakteristik

Aussehen *grünlich – hellgelb*
Geruch *bei guter Reife angedeutetes Rieslingbukett, ansonsten ein etwas "lautes Bukett", nicht jedermanns Sache*
Geschmack *voller, fruchtiger Wein, meist mit Restsüße ausgebaut, hat seine Liebhaber!*
Essensbegleiter *in der süßen Variante als Dessertwein geeignet*
Lagerfähigkeit *2 Jahre*
Trinktemperatur *12° C*

Traminer

Synonym *Roter Traminer*
Spielarten *Gewürztraminer, Weißer Traminer*
Herkunft *unbekannt, da von Tramin in Südtirol nicht erwiesen, sehr alte Sorte*

Weincharakteristik

Aussehen *je nach Reife helles bis kräftiges Gelb, bzw. zart angedeutetes rötliches Gelb bei Gewürztraminer*
Geruch *intensive Duftfülle, besonders der Gewürztraminer, er hat den "Duft der wilden Rose", so die Klöcher*
Geschmack *säurearm, alkoholreich mit ausgewogener Restsüße im Vulkanland in und um Klöch; in der Südsteiermark dagegen meist trocken, zart im Duft mit feinem Säurespiel*
Essensbegleiter *ein ausgezeichneter Dessertwein*
Lagerfähigkeit *je nach Reife, Jahrgang und Herkunft 4 bis 10 Jahre und länger*
Trinktemperatur *12° bis 14° C*

Blauer Wildbacher (Schilcher)

Synonyme *keine bekannt*

Spielarten *verschiedene, der bekannteste ist der Spätblaue*

Herkunft *Steiermark, die Bezeichnung Schilcher ist für die Weinbauregion Steiermark gesetzlich geschützt*

Verbreitung *Hauptanbaugebiet ist die Weststeiermark, daher auch Schilcherland genannt. Vereinzelter Anbau aber auch in den beiden anderen Weinbaugebieten, dort fehlt aber der standortbedingte ausdrucksvolle Charakter, der den weststeirischen Schilcher vor allen anderen auszeichnet.*

Weincharakteristik

Aussehen *zwiebelfarben bis rubinrot*

Geruch *urig-säuerlich bis grasige Sauvignontöne, bis schwarze Ribisel, Stachelbeeren, Erdbeeren*

Geschmack *herzhaft trocken, aggressiv säuerlich, bei Kabinettreife jedoch elegant würzig mit dezenter Säure*

Essensbegleiter *zur deftigen steirischen Buschenschankjause sowie zu weiteren heimischen Speisen, bestimmten Fischen (Lachs z.B.)*

Lagerfähigkeit *am besten als spritzig-fruchtiger Jungwein zu trinken*

Trinktemperatur *8° C*

Morillon

Synonym *Chardonnay, als solcher die weltweit verbreitetste Weißweinsorte. Laut "Weinbaulexikon" von 1930, Verlag Paul Parey, als Morillon blanc mit dem Synonym Chardonnay bezeichnet. Verbreitet im Chablis, Chardonnay und Departement Yonne vorkommend. Ergibt die berühmten Chablisweine. Der Name Morillon ist in der Steiermark erhalten geblieben.*

Herkunft *Frankreich*

Verbreitung *nach dem Sauvignon Blanc international die zweitwichtigste Sorte der Steiermark*

Weincharakteristik

Aussehen *grünlich-hellgelb*

Geruch *je nach Ausbau vielseitige Fruchtaromen, z.B. auch Erdbeerton*

Geschmack *vollmundig, extraktreich mit betont fruchtig-feiner Säure, die der Sorte eine lebhafte Raffinesse verleiht*

Essensbegleiter *Kalbfleisch, Geflügel, Fisch, Schalen- und Krustentiere, Schaf- und Lammfleisch*

Lagerfähigkeit *4 bis 6 Jahre, bei hoher Reife auch länger*

Trinktemperatur *12° C*

Blauer Zweigelt

Synonyme *Rotburger*
Herkunft *von Prof. Zweigelt (Höhere Bundeslehr- und Versuchsanstalt Klosterneuburg) aus den Sorten Blaufränkisch×St. Laurent gezüchtet*
Verbreitung *mit über 50% im Anbau die Hauptrotweinsorte Österreichs und der Steiermark*

Weincharakter
Aussehen *kräftiges Rubinrot mit violettem Schimmer, bei hoher Reife (1997) tiefdunkelrot*
Geruch *nach verschiedenen Beerenfrüchten bis Kirsche*
Geschmack *fruchtig bis samtig, extraktreich, mittlerer Tanningehalt*
Essensbegleiter *zu dunklem Fleisch, Wildgerichten, Brettljause*
Lagerfähigkeit *2 bis 4 Jahre*
Trinktemperatur *14° bis 16° C*

Blauburger

Synonyme *keine*
Herkunft *in Klosterneuburg aus den Sorten Blauer Portugieser×Blaufränkisch gezüchtet.*

Weincharakter
Aussehen *tiefdunkel- bis schwarzrot*
Geruch *ausgeprägter Rotweinduft*
Geschmack *gerbstoffbetont*
Essensbegleiter *zu dunklem Fleisch, Wildgerichten, Brettljause, ...*
Lagerfähigkeit *2 bis 4 Jahre*
Trinktemperatur *14° bis 16° C*

Aktuelle Sortenverteilung und Trends

Weißweinsorten

Welschriesling	*22%;*	*aufstocken auf 25% wäre wünschenswert, man trinkt nicht alle Tage Sauvignon und Morillon.*
Weißburgunder	*10%;*	*hat damit den ihm gebührenden Platz gesichert.*
Müller-Thurgau	*8%;*	*sollte nicht mehr weiter im Anbau zurückgehen, der Sturm- und Jungweinkonsum nimmt noch weiter zu.*
Sauvignon Blanc	*6%;*	*sollte nicht mehr ausgeweitet werden, sondern eine Rarität bleiben.*
Morillon (Chardonnay)	*5,5%;*	*sollte ebenfalls kein Alltagswein werden, außerdem so wie der Sauvignon eine Sorte für Könner und Kenner.*
Sämling 88 (Scheurebe)	*5%*	*siehe Müller-Thurgau.*
Traminer/Gewürztraminer	*3%*	*wieder im Aufwind.*
Rheinriesling	*2,5%*	*derzeit kein steirischer Modewein.*
Grauburgunder (Ruländer)	*2%*	*auch im Aufwind.*
Gelber Muskateller	*2%*	*Nachfrage größer als das Angebot.*

Rotweinsorten

Blauer Wildbacher (Schilcher)	*15%*	*darin enthalten ist allein der weststeirische Schilcher, 17% macht die Anbaufläche mit den beiden anderen Gebieten aus (soll eine weststeirische Spezialität bleiben!).*
Blauer Zweigelt	*12%*	*eine weitere Ausweitung erscheint derzeit nicht sinnvoll, Ausnahme jene Betriebe, die den Markt dafür geschaffen haben.*
Blauburger	*2%*	*siehe Blauer Zweigelt.*

Andere Sorten (weiß und rot)	*3%*	*z.B. Grüner Sylvaner und St. Laurent.*

Die Weingüter der Steiermark mit allgemein anerkannter Qualität

Zur Auswahl der Betriebe

Die Auswahl der Betriebe wurde so objektiv wie möglich vorgenommen, das heißt, diese haben sich selbst aufgestellt.
Ein wesentliches Kriterium für die Aufnahme in dieses Buch war die erfolgreiche Teilnahme an der steirischen Landesweinbewertung, beziehungsweise an anderen anerkannten nationalen oder internationalen Weinwettbewerben.
Ein weiterer Punkt war, wie sich das Weingut in den letzten Jahren selbst dargestellt und der interessierten Öffentlichkeit präsentiert hat. Mit anderen Worten, ob initiatives, dynamisches Marketing für den eigenen Betrieb und damit für den steirischen Wein insgesamt betrieben wurde.
Zusätzlich positiv zu bewerten war auch, ob und wie sehr ein Betrieb in Gemeinschaften mitarbeitet. Weiters gefordert war natürlich eine Kontinuität in der Weinqualität.
Warum die Unterteilung in "Allgemein anerkannte Betriebe" und "Weitere empfehlenswerte Betriebe"? Letztere Gruppe umfaßt junge, dynamische Weingüter, die einfach noch nicht die Zeit und Gelegenheit hatten, sich so zu profilieren wie die erstgenannten Betriebe, die aber am besten Weg zu sein scheinen, anerkannte Spitzenbetriebe zu werden. Und es sind auch solche Betriebe in der Gruppe "Weitere Betriebe", die in Umstellungen, welcher Art immer, begriffen sind und zur breiten steirischen Spitze aufschließen wollen.
Daß die Auswahl der Betriebe in diesem Buch Kritikpunkte und unbeabsichtigte Ungerechtigkeiten beinhaltet, liegt in der Natur der Sache. Aber deshalb dieses Buch über den steirischen Wein nicht zu verfassen, wäre sicher ein Fehler gewesen.
Auf eine Klassifizierung der Betriebe wurde bewußt verzichtet. Zehn Personen, nach dem besten Betrieb gefragt, würden wahrscheinlich zehn verschiedene Betriebe nennen.
Ebenfalls bewußt wurde bei der Betriebsbeschreibung auf die Abbildung von einzelnen Personen, Familien, Betrieben verzichtet und statt dessen das jeweilige Etikett, die Visitenkarte des Weingutes, vorgestellt.
Eine ganz persönliche Aussage stellt das der Betriebsbeschreibung vorangestellte Motto dar. Es ist die jeweilige Wein- oder Betriebsphilosophie, die Intention des Betriebsführers, sein Leitfaden, sein Bild vom steirischen Wein, seine Zielvorgabe, kurzum seine Botschaft.

Preise für steirische Weine des Jahrganges 1997

Stand Mai 1998 (Ab-Hof-Verkauf)

Untere Preiskategorie:

öS 45.– bis öS 68.– zahlt man für Qualitätsweine der Sorten Müller-Thurgau, Sämling 88, Welschriesling, Schilcher und für leichtere Weißburgunder. Somit liegt ein Großteil des steirischen Weinangebotes in diesem Preisbereich, da Welschriesling, Weißburgunder, Schilcher und Müller-Thurgau zusammen weit über 50% im Sortenspiegel ausmachen.

Mittlere Preiskategorie:

öS 65.– bis öS 85.– kosten kräftiger Weißburgunder, einfache Rotweine und Traminer, Schilcher Kabinett, leichter Morillon, leichter Sauvignon Blanc und Riesling sowie Muskateller.

Obere Preiskategorie:

über öS 80.– bis öS 200.– und gelegentlich darüber. Hierher gehören die großen Weine des Ausnahmejahrganges 1997 aus den Sorten Weißburgunder, Grauburgunder, Morillon/Chardonnay, Traminer/Gewürztraminer, Sauvignon Blanc, Rotweine, Cuvées (sowohl weiß als auch rot), Prädikatsweine aller Stufen und Eisweine.

Mit diesen "von – bis" Preisangaben ist die derzeitige Preissituation in den steirischen Betrieben ausführlich dargestellt, sodaß bei den folgenden Betriebsbeschreibungen auf gesonderte Preishinweise verzichtet wird.

Zum Thema Weinjahrgänge

In vielen Weinbüchern nimmt die Beurteilung und Benotung der Weinjahrgänge eines Weinlandes einen breiten Raum ein. Für das Weinland Steiermark macht das wenig Sinn, weil bis auf wenige Ausnahmen keine Altweine angeboten werden können. Für Statistiker sei vermerkt, daß die Jahrgänge 1983, 1990, 1992, 1993 (?) und 1997 (!) ausgezeichnete Weine hervorgebracht haben.

WEIN FORUM
STEIERMARK
Präsentation Südsteirischer Wein '94

Südost-
steiermark

UNSERE GÄSTE SOLLEN REGIONALTYPISCHE SORTENWEINE GENIESSEN.

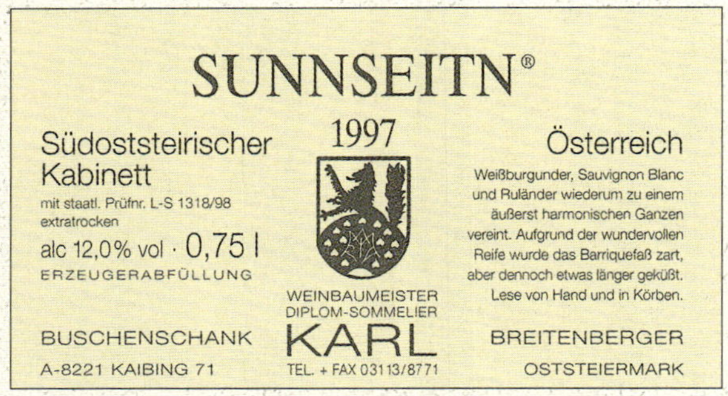

Gesamtrebfläche
4 Hektar, davon 2,5 ha Eigenfläche und 1,50 ha Traubenzukauf

Rieden
Kaibingberg, Wallgraben-Setz

Sortenspiegel
80% Weißwein mit den Sorten Welschriesling, Weißburgunder, Grauburgunder (Ruländer), Riesling, Sämling 88, Sauvignon Blanc, Morillon
20% Rotwein mit Blauem Zweigelt

Art des Weinausbaues
überwiegend klassisch, international bei Ruländer, Blauem Zweigelt und "Sunnseitn", einer geschützten Marke aus 30% Sauvignon Blanc, 40% Weißburgunder, 30% Ruländer

Sonstiges im Angebot
Sekt ("Vision"), Brände, Säfte, Pfirsichnektar

Weinvermarktung
Ab-Hof-Verkauf und im Buschenschank

Zusätzliches
Buschenschank, Führungen sowie kommentierte Verkostungen

Inhaber und Betriebsführer
Karl Breitenberger
(Diplom-Sommelier, Weinbau- und Kellermeister)

Buschenschank Karl Breitenberger
Kaibing 71
8221 Hirnsdorf
Tel. / Fax 0 31 13 / 87 71

"SCHEUREBE CLASSIC" - NICHT DAS VERKOSTEN, WAS ALLE KOSTEN, NICHT DAS TRINKEN, WAS ALLE TRINKEN.

Gesamtrebfläche
4 Hektar

Rieden
Klinzl, Kratzer, Hochwarth, Zepfer

Sortenspiegel
80% Weißwein mit den Sorten Welschriesling, Weißburgunder, Müller-Thurgau, Riesling, Scheurebe (Sämling 88), Traminer, Gewürztraminer
20% Rotwein mit Blauem Zweigelt

Art des Weinausbaues
überwiegend klassisch
international Blauer Zweigelt, Gewürztraminer

Besonderheiten
Junker, Steirische Leit'n

Sonstiges im Angebot
Säfte und Nektar

Auszeichnungen
Steirische Landesweinbewertung, u.a. Landessieger 1998 mit Traminer und Finalplätze

Weinvermarktung
Ab-Hof-Verkauf und im Buschenschank, Gastronomie
Verkauf auch in den EU-Raum

Zusätzliches
Buschenschank, Mitglied der Klöcher Traminer Schutzmarke, kommentierte Verkostungen

Inhaber
Fritz und Marianne Frühwirth

Betriebsführer
Fritz Frühwirth *(Obst-, Weinbau- und Kellermeister)*

Weinhof Frühwirth
Deutsch-Haseldorf 46
8493 Klöch
Tel. / Fax 0 34 75 / 23 38

SORGFALT IM WEINGARTEN UND KELLER BRINGEN DIE ANGESTREBTE QUALITÄT!

Gesamtrebfläche
2,5 Hektar

Sortenspiegel
80% Weißwein mit den Sorten Welschriesling, Weißburgunder, Grauburgunder, Sämling 88, Riesling, Sauvignon Blanc, Gelber Muskateller.
20% Rotwein mit den Sorten Blauer Zweigelt, Blauburger

Art des Weinausbaues
klassisch-steirisch

Besonderheiten
Burgunder Cuvée

Auszeichnungen
Steirische Landesweinbewertung u.a.

Weinvermarktung
Ab-Hof-Verkauf

Zusätzliches
Kellerführung und kommentierte Verkostungen

Inhaber und Betriebsführer
Karl und Erna Gwaltl

Weinbau Gwaltl
Burgfeld 7
8350 Fehring
Tel. 0 31 55 / 29 89

Weingut
Ing. Franz J. Hutter

Klare Weinstilistik, bedingungslose Qualität!

Gesamtrebfläche
4,5 Hektar und Traubenzukauf

Rieden
Grem, Sandg'stettn, Reitingberg, Weingartenriegel

Sortenspiegel
75% Weißweine mit den Sorten Welschriesling, Goldburger, Müller-Thurgau, Weißburgunder, Morillon, Sauvignon Blanc, Gelber Muskateller, Sämling 88
25% Rotweine und Rosé mit den Sorten Blauer Zweigelt, Blauburger, Blauer Wildbacher, Cabernet Sauvignon

Art des Weinausbaues
klassisch-steirisch und international

Besonderheiten
Weißweincuvée (Morillon und Weißburgunder)
Rotweincuvée (Blauer Zweigelt und Blauburger und Cabernet Sauvignon)

Sonstiges im Angebot
Sekt ("Vision"), Frizzante, verschiedene Brände, Nektare, Säfte, Essig, Kernöl

Auszeichnungen
Landessieger 1995, Kleine Zeitung Wettbewerb und verschiedene internationale Spitzenplätze

Weinvermarktung
Ab-Hof-Verkauf und im Buschenschank, Versand, Gastronomie, Verkauf auch nach Deutschland

Zusätzliches
Buschenschank, Führungen, kommentierte Weinproben

Weingut Hutter
Reiting 2
8330 Feldbach
Tel. / Fax 0 31 52 / 44 22

Wein im Zeichen des Römersteins

Gesamtrebfläche
7,5 Hektar, davon 2,5 ha Eigenfläche und 5 ha Traubenzukauf.

Rieden
Rathenberg, Bohnerberg, Schießlkogel

Sortenspiegel
65% Weißwein mit den Sorten Welschriesling, Weißburgunder, Grauburgunder, Morillon/ Chardonnay, Müller-Thurgau, Riesling, Sauvignon Blanc
35% Rotwein, Rosé und Schilcher mit den Sorten Blauer Zweigelt, Blauburger, Blauer Wildbacher

Art der Weinausbaues
klassisch-steirisch, fruchtig-trocken, bei Rotweinen international

Sonstiges im Angebot
Junker, Steirische Leit'n

Auszeichnungen
Steirische Landesweinbewertung

Weinvermarktung
Ab-Hof-Verkauf, Zusendung, Gastronomie
Verkauf auch nach Deutschland

Zusätzliches
Führungen, kommentierte Verkostungen im Römerkeller

Inhaber
Franz Kapper sen.

Betriebsführer
Franz Kapper jun. *(Weinbau- und Kellermeister)*

Weinbau Kapper
Brunn 14
830 Fehring
Tel. / Fax 0 31 55 / 24 17
Mobil 0 663 / 913 83 14

SCHÖNES AUSFLUGSZIEL MIT GUTEM PREIS-LEISTUNGSVERHÄLTNIS

Gesamtrebfläche
6,5 Hektar

Rieden
Hohenberg, Wachstum Kirchweg

Sortenspiegel
70% Weißweine mit den Sorten Welschriesling, Weißburgunder, Sauvignon Blanc, Chardonnay/ Morillon, Müller-Thurgau, Traminer
30% Rotweine und Rosé mit den Sorten Blauer Zweigelt, Blauburger und Schilcher

Art des Weinausbaues
überwiegend klassisch, bei den Sorten Morillon, Traminer und Blauburger international

Sonstiges im Angebot
Brände und Säfte

Auszeichnungen
Steirische Landesweinbewertung u.a.m.

Weinvermarktung
Ab-Hof-Verkauf, Buschenschank, Gastronomie

Zusätzliches
kommentierte Verkostungen, Betrieb liegt an der Römerweinstraße

Inhaber und Betriebsführer
Ing. Josef Maurer

Weingut Maurer am Hohenberg
Hohenberg 34
8200 Gleisdorf
Tel. 0 31 12 / 20 05
Fax +4

Wein ist ein Produkt der Natur - der Jahrgang 1997 hat uns elegante, finessenreiche Weine beschert.

Weingut Neumeister
8345 Straden 42
Tel. 0 34 73 / 308
Fax +4

Gesamtrebfläche
10 Hektar

Rieden
Moarfeitl, Saziani, Klausen, Steintal

Sortenspiegel
80% Weißwein mit den Sorten Welschriesling, Weißburgunder, Grauburgunder, Morillon, Roter Traminer, Riesling, Sauvignon Blanc, Gelber Muskateller
20% Rotwein mit den Sorten Blauer Zweigelt, Blaufränkisch, Cabernet Sauvignon

Art des Weinausbaues: *beide Stilrichtungen*
"Steirische Klassik": Welschriesling, Weißburgunder, Gelber Muskateller, Riesling, Sauvignon Blanc, Sauvignon-Blanc-Moarfeitl, Morillon, Grauburgunder, Schilcher, Blauer Zweigelt
International "Selektion": Weißburgunder-Klausen Selektion, Morillon-Moarfeitl Selektion, Sauvignon-Blanc-Moarfeitl Selektion, Grauburgunder-Saziani Selektion, Grauburgunder Auslese Selektion, Roter Traminer-Steintal Selektion, Pinot Gris Beerenauslese-Saziani/Buchberg, Rotwein Cuvée de Merin (Blauer Zweigelt + Blaufränkisch + Cabernet Sauvignon)

Sonstiges im Angebot
Sekt-Sazianibrut, eine Burgunder-Cuvée, Brände, Likör, Essig und Säfte

Auszeichnungen
in Österreich: u.a. À la Carte Grand Cru Sieger 1997, Salon Österreichischer Wein, Gault Millau, Falstaff Rotweinguide
im Ausland: 1. Platz für Moarfeitl Selektion bei der großen Sauvignon-Blanc-Verkostung des deutschen Magazines "Alles über Wein" (die besten Sauvignon der nördlichen Halbkugel), Silbermedaille für Moarfeitl Selektion 96 bei der "Challenge International du Vin" in Frankreich 1997, Sieger und Finalplätze bei der Steirischen Landesweinbewertung

Weinvermarktung
Ab-Hof-Verkauf mit dem Buschenschank, Gastronomie, Großhandel, Vinotheken
Verkauf und Export: Deutschland und Schweiz

Zusätzliches
Buschenschank, kommentierte Verkostungen

Inhaber und Betriebsführer
Albert und Anna Neumeister *(ersterer ist Weinbau- und Kellermeister)*

Der persönliche Kontakt zu unseren Kunden sowie qualitätsorientierte Produktion sind für uns die wichtigsten Faktoren.

Gesamtrebfläche
2,5 Hektar

Rieden
Schemming

Sortenspiegel
70% Weißwein mit den Sorten Welschriesling, Weißburgunder, Morillon, Müller-Thurgau, Sämling 88
30% Rotwein mit Blauem Zweigelt

Art des Weinausbaues
klassisch-steirisch, bei Rotwein auch international

Besonderheiten
Rotwein Cuvée 2000, ein Blauer Zweigelt-Jahrgangsverschnitt von den letzten 5 Jahren

Auszeichnungen
Landessieger und weitere Spitzenplätze mit Blauem Zweigelt bei der Steirischen Landesweinbewertung, Laibacher Weinmesse

Weinvermarktung
80% Ab-Hof-Verkauf, Versand
Verkauf und Export: Deutschland (Bayern), Schweiz

Zusätzliches
Fremdenzimmer, Gewölbesandsteinkeller mit Weinlagermöglichkeiten, Weingarten-, Betriebs- und Kellerführungen mit kommentierten Verkostungen

Weinbau Pfeifer
8354 St.Anna am Aigen
Waltra 24
Tel. 0 31 58 / 26 01

DURCH KURZEN ANSCHNITT (WENIGER ERTRAG) ZUR QUALITÄT.

Gesamtrebfläche
3 Hektar

Rieden
Lichtenegg, Antlaberg

Sortenspiegel
80% Weißwein mit den Sorten Chardonnay/ Morillon, Welschriesling, Weißburgunder
20% Rotwein mit Blauem Zweigelt, Blauem Wildbacher

Art des Weinausbaues
Blauer Zweigelt international, alle übrigen in klassischer Ausbauweise

Besonderheiten
Winzersekt (Cuvée mit Chardonnay und Pinot noir, weißgepreßt)

Auszeichnungen
Steirische Landesweinbewertung, Kleine Zeitung Weinwettbewerb, Vinoforum-Silbermedaille

Weinvermarktung
80% Ab-Hof-Verkauf
20% in die südoststeirische Thermenregion

Zusätzliches
Weingartenführung, kommentierte Verkostungen, historischer Keller, man bietet Weinlagermöglichkeiten an

Betriebsführer
Heribert Pilz

Vinothek Weinbau Pilz
8265 Gschmaier bei Ilz 112
Tel. 0 33 86 / 280

VOM GLOCKENKLAREN FRUCHTSPIEL DER WEISSWEINE BIS ZUM WEICHSELFRUCHTIGEN ST. LAURENT ZIEHT SICH DIE ÜBERAUS REINTÖNIGE WEINPALETTE DES OFT-MALIGEN LANDESSIEGERS.

Weinhof Platzer
Pichla 25
8355 Tieschen
Tel. 0 34 75 / 23 31
Fax +4

Gesamtrebfläche
3 Hektar und Traubenzukauf

Rieden
Königsberg, Aunberg

Sortenspiegel
60% Weißweine aus den Sorten Welschriesling, Riesling, Müller-Thurgau, Weißburgunder, Morillon, Sämling 88, Gewürztraminer, Grauer Burgunder
40% Rotweine aus den Sorten Blauer Zweigelt, St. Laurent

Art des Weinausbaues
klassisch steirisch und international

Besonderheiten
Chardonnay Barrique, Prädikatsweine, Pinot Cuvée aus den Sorten Weißburgunder, Ruländer und Morillon

Sonstiges im Angebot
verschiedene Brände, verschiedene Sekte ("Vision")

Auszeichnungen
Steirische Landesweinbewertung – bis jetzt viermal Landessieger mit Welschriesling, dazu mit Weißburgunder und Grauburgunder sowie mit Blauem Zweigelt und St. Laurent in vorangegangenen Jahren, Gault Millau

Weinvermarktung
Ab-Hof-Verkauf, Versand, Gastronomie
Verkauf auch nach Deutschland

Zusätzliches
Fremdenzimmer, Führungen, kommentierte Verkostungen, Weinlieferant bei der WM 1999 in der Ramsau

Inhaber und Betriebsführer
Manfred Platzer

DIE WEINPHILOSOPHIE: DURCH WILLEN ZUR PERFEKTION!

Gesamtfläche
10 Hektar

Rieden
Rosenberg, Schemming, Buchberg

Zum Gebiet vom Rosenberg
sanfte Hügelketten, ursprüngliche Landschaft, Menschen und Weine – Balsam für Leib und Seele

Sortenspiegel
70% Weißwein mit den Sorten Chardonnay/ Morillon, Gelber Muskateller, Grauburgunder, Müller-Thurgau, Sämling 88, Sauvignon Blanc, Traminer, Welschriesling, Weißburgunder
30% Rotwein, überwiegend Blauer Zweigelt

Art des Weinausbaues
klassisch, mit Ausnahme der international ausgebauten Linea-Linie wie Linea Chardonnay, Linea Klevner, Linea Pinot Gris, Linea Domina

Besonderheiten
Apero – ein nuancierter Aperitifwein
Filou – der tiefdunkle alkoholgemäßigte Rotwein
Junker – der steirische Jungwein

Auszeichnungen
mehrmaliger Sieger bei der Steirischen Landesweinbewertung (Titel Landessieger, bzw. Sortensieger), im Salon Österreichischer Wein u.a.m.

Weinvermarktung
60% Gastronomie – Hotelerie
10% Vertragspartner – Vinotheken
20% Letztverbraucher – private Weinfreunde
Verkauf bzw. Export nach Deutschland und Tschechien

Zusätzliches
Weingarten-, Betriebs- und Kellerführungen sowie kommentierte Verkostungen, Direktvermarktung "Gutes vom Bauernhof"

Betriebsführer:
Alfred Ploder

Weingut Ploder-Rosenberg
Rosenberg 86
8093 St. Peter am Ottersbach
Tel. 0 34 77 / 32 34
Fax +4

MITGLIED "RITTER VON TEUFENBACH" - EDELBRANDGEMEINSCHAFT

Gesamtrebfläche
2,5 Hektar

Sortenspiegel
80% Weißwein mit den Sorten Welschriesling, Weißburgunder, Grauburgunder, Morillon, Müller-Thurgau
20% Rotwein mit Blauburger

Art des Weinausbaues
klassisch

Sonstiges im Angebot
Brände, Säfte, Nektar

Auszeichnungen
Steirische Landesweinbewertung, Salon Österreichischer Wein, Kleine Zeitung Wettbewerb

Weinvermarktung
Ab-Hof-Verkauf, Gastronomie

Zusätzliches
Ferienwohnungen, Führung und kommentierte Verkostungen

Inhaber und Betriebsführer
Marianne und Alois Pregartner

Weinbau Pregartner
Wolfgruben 73
8200 Gleisdorf
Tel. / Fax 0 31 12 / 35 97

DIE DIREKTVERMARTUNG UND DER KONTAKT ZU UNSEREN WEINLIEBHABERN IST UNSER GRÖSSTES ANLIEGEN.

Gesamtrebfläche
4 Hektar

Rieden:
Hausberg, Oberberg, Kalvarienberg

Sortenspiegel
78% Weißwein aus den Sorten Welschriesling, Weißburgunder, Müller-Thurgau, Morillon
22% Rotwein aus Blauem Zweigelt und Blauburger

Art des Weinbausbaues
klassisch-steirisch

Besonderheiten
"Steirische Leit'n", Weißburgundersekt "Cicero", sowie Brände und Säfte

Weinvermarktung
Ab-Hof-Verkauf, Gastronomie, Verkauf auch nach Deutschland.

Zusätzliches
"Gutes vom Bauernhof", Weingarten-, Betriebs- und Kellerführungen, kommentierte Verkostungen

Inhaber und Betriebsführer
Günther Rauch

Weinhof Rauch
Perbersdorf 30
8093 St. Peter am Ottersbach
Tel. 0 34 77 / 25 10
Fax 0 34 77 / 32 67

NICHT MITTELMASS, SONDERN HÖCHSTE QUALITÄT KOMMT IN DIE FLASCHE.

Gesamtrebfläche
3 Hektar

Sortenspiegel
85% Weißweine wie Müller-Thurgau, Welschriesling, Weißburgunder, Morillon, Sämling 88
15% Rotwein aus Blauem Zweigelt

Art des Weinausbaues
klassisch

Besonderheiten
Weißburgunder Sekt "Cicero", "Steirische Leit'n"

Auszeichnungen
Steirische Landesweinbewertung – Landessieger 1993, Finale 1998 (Weißburgunder Spätlese)

Weinvermarktung
60% Ab-Hof-Verkauf (Letztverbraucher)
30% Gastronomie
10% Wiederverkäufer

Zusätzliches
Vinothek (Altweine im Verkauf), Betriebs- und Kellerführungen sowie kommentierte Verkostungen

Inhaber und Betriebsführer
Helmut Rossmann

Weinhof Rossmann
Bierbaum 37
8093 St. Peter am Ottersbach
Tel. 0 34 77 / 26 64

WIR SIND EIN HAUS, DAS WEINKULTUR LEBT!
EIN ROTWEINPIONIER.

Gesamtrebfläche
12 Hektar

Rieden
Steinfeld, Marienberg, Jullerltal

Sortenspiegel
50% Weißwein mit den Sorten Welschriesling, Weißburgunder, Chardonnay, Gelber Muskateller, Grüner Sylvaner, Sauvignon Blanc
50% Rotwein mit den Sorten Blauburgunder, Blauer Zweigelt, Cabernet Sauvignon, Blauer Wildbacher

Art des Weinausbaues
klassisch bei den Weißweinen
international bei den Rotweinen
(100 Barriquefässer)

Besonderheiten
"Rochus"-Rotweincuvée

Auszeichnungen
Steirische Landesweinbewertung –
u.a. Landessieger 1998 mit Rochus Cuvée 95,
Kleine-Zeitung-Wettbewerb-Oscar

Weinvermarktung
Ab-Hof-Verkauf, Buschenschank
Verkauf und Export nach Deutschland und in die Schweiz

Zusätzliches
Buschenschank, Hauszeitung mit Fachinformationen, Kunstausstellungen, Führungen, kommentierte Verkostungen

Inhaber und Betriebsführer
Karl Thaller *(Weinbau- und Kellermeister)*

Weinhof Thaller
Maierhofbergen 24
8263 Großwilfersdorf
Tel. 0 33 87 / 29 24
Fax +4

Burgweinbau Riegersburg - Andreas Tscheppe

Das Bollwerk gegen Osten, die Riegersburg, wurde in jüngster Zeit wieder nur vom steirischen Wein erobert.

Gesamtrebfläche
3,5 Hektar

Rieden
Brunnenfeld, bepflanzt mit Chardonnay,
Lichtenegger Burggraben und Süd-Bastei,
bepflanzt mit Sauvignon Blanc,
Greifvogelweg, bepflanzt mit Gewürztraminer,
Turnierplatz mit Pinot Gris,
Schießplatz mit Pinot Blanc,
Opferstätte mit Welschriesling
Festungsmauer mit Cabernet Sauvignon
und Pinot Noir

Sortenspiegel
überwiegend Weißwein mit den Sorten Welschriesling, Weißburgunder (Pinot Blanc), Grauburgunder (Pinot Gris), Sauvignon Blanc, Chardonnay, Gewürztraminer
Rotwein mit Blauburgunder (Pinot Noir) und Cabernet Sauvignon

Art des Weinausbaues
klassisch-steirisch und international

Weinvermarktung
Verkauf in Riegersburg (nach Voranmeldung) und in Wildon, Vinothek Karnerhof
Verkauf auch nach Deutschland

Zusätzliches
Aus der oststeirischen Hügellandschaft erhebt sich weithin sichtbar auf einem einstigen Vulkan die Riegersburg. Vermutlich schon vor 6000 Jahren siedelten hier Menschen. Belegt ist, daß hier die Römer Weinbau betrieben. Als die Reblaus vor ca. 100 Jahren die Weingärten vernichtete, wurden diese nicht mehr ausgepflanzt. Die jetzigen Kulturen wurden erst Anfang der neunziger Jahre errichtet.
Die Grundstücke auf der Burganlage wurden von der fürstlichen Familie von und zu Liechtenstein gepachtet.
Weingartenführungen, kommentierte Verkostungen.

Inhaber und Betriebsführer
Andreas Tscheppe
Glanz 75, 8463 Leutschach

Burgweinbau Riegersburg
Andreas Tscheppe
8333 Riegersburg
Tel. 0 31 53 / 83 46, 0 34 54 / 391 (Leutschach)
und 0 31 82 / 72 02 (Wildon)
Fax 0 34 54 / 391

Die einstige Wehrburg ist dank Winkler-Hermaden senior zu einem Juwel und Gourmettempel in der Südoststeiermark geworden.

Weingut Winkler-Hermaden
8353 Kapfenstein 105
Tel. 0 31 57 / 23 11 oder 22 02
Fax 0 31 57 / 23 22-4

Gesamtrebfläche
16 Hektar und Traubenzukauf

Rieden
Kirchleiten, Schloßkogel, Winzerkogel, Hinteregg, Ried an der Kapelle, Rosenleiten

Sortenspiegel
das steirische Sortiment, davon 60% Weißwein mit Welschriesling, Weißburgunder, Grauburgunder, Riesling, Morillon/Chardonnay, Sauvignon Blanc, Traminer
40% Rotwein mit Blauem Zweigelt, Blauburger

Art des Weinausbaues
klassisch-steirisch bei Welschriesling, Weißburgunder, Morillon, Caphenstein, ansonsten insgesamt 40% (!) internationaler Ausbau

Besonderheiten
"Olivin" (Blauer Zweigelt in Barriques aus Kapfensteiner Eiche), "Caphenstein" 1997 (Cuvée aus Weißburgunder, Morillon, Grauburgunder und Sauvignon Blanc), verschiedene hohe Prädikate und "Vision" (Weißburgundersekt), Altweine im Verkauf

Sonstiges im Angebot
verschiedene Brände, Säfte, Essige, Kürbiskernöl

Auszeichnungen
zahlreiche in- und ausländische Spitzenplätze

Weinvermarktung
Ab-Hof-Verkauf und im angeschlossenen Restaurant, Versand, Gastronomie, Verkauf und Export nach Deutschland, Schweiz u.a.

Zusätzliches
Schloß Kapfenstein wurde im 11. Jahrhundert als Wehrburg auf einem Vulkankegel erbaut. Seit 1898 ist das Schloß im Besitz der Familie; neben dem Restaurant auch Hotelbetrieb. Wurden bisher die Weine im "Löwenkeller", einem ehemaligen Zehentkeller, ausgebaut, hat sich ab 1997 der sogenannte "Lange Keller", ein 300 Jahre alter und 60 m langer Keller mit Kreuzgewölbe, dazugesellt. Führungen und kommentierte Verkostungen.

Inhaber und Betriebsführer
Georg Winkler-Hermaden

Weitere empfehlenswerte Betriebe

Südoststeiermark

Weinbau Domittner
8493 Klöch 102
Tel.: 03475/2206, Fax: 03475/2920
Inhaber und Betriebsführer: Günther Domittner

Weinbau Gießauf-Nell
8493 Klöch 63
Tel. und Fax: 03475/7265
Inhaber und Betriebsführer: Familie Gießauf-Nell

Weinbau Haarer
Waltra 12, 8354 St. Anna am Aigen
Tel. und Fax: 03158/2216
Inhaber und Betriebsführer: Peter Haarer

Weinhof Kolleritsch - Steintalkeller
8355 Tieschen 5
Tel. und Fax: 03475/2305
Betriebsführer: Horst und Gerald Kolleritsch

Weinbau Lamprecht
Hürth 37, 8492 Halbenrain
Tel. und Fax: 03475/2248
Inhaber: Fritz und Maria Lamprecht
Betriebsführer: Fritz Lamprecht

Weingut W. und E. Müller
8493 Klöch 51
Tel. und Fax: 03475/7160
Inhaber: Walter und Elisabeth Müller
Betriebsführer: Walter Müller

Gasthof und Weingut Palz
Klöchberg 45, 8493 Klöch
Tel.: 03475/2311, Fax: 03475/2311-4
Inhaber und Betriebsführer: Familie Palz

Weinbau Schuster
Klöchberg 96, 8493 Klöch
Tel.: 03475/2296
Inhaber: Familie Schuster
Betriebsführer: Elfriede Schuster

Gräflich Stürgkh'sches Weingut
8493 Klöch 29
Tel.: 03475/2223, Fax: 03475/2223-4
Inhaber und Betriebsführer: Cari Seyffertitz

Winzerhof Triebl
Gießelsdorf 42, 8354 St. Anna am Aigen
Tel. und Fax: 03158/2530
Inhaber und Betriebsführer: Franz Triebl

Weinbau Ulrich
Plesch 26, 8354 St. Anna am Aigen
Tel. und Fax: 03158/2290
Inhaber: Rupert und Karin Ulrich
Betriebsführer: Rupert Ulrich

Weinbau Wonisch
8493 Klöch 65, Tel: 03475/2347
Inhaber und Betriebsführer:
Elfriede und Josef Wonisch

Südsteiermark

GUTER WEIN WÄCHST ZUERST IM KOPF.

Gesamtrebfläche
ca. 7,5 Hektar

Rieden
Wöfelhof Trebien, Gauitsch teilweise in steilsten Lagen, seichte bis mittelgründige Schieferverwitterungsböden

Sortenspiegel
95% Weißweine – Morillon/Chardonnay, Grauburgunder, Riesling, Traminer, Welschriesling, Weißburgunder, Sauvignon Blanc, Sämling 88, Müller-Thurgau
5% Rotweine – Blauer Wildbacher, Blauer Burgunder, Blauer Zweigelt

Art des Weinausbaues
sowohl klassisch als auch international, letzteres bei den Sorten Morillon, Grauburgunder und Sauvignon Blanc

Besonderheiten
"Steirische Hoheit"

Sonstiges im Angebot
reichhaltiges Angebot an Bränden, sowie Riesling- und Schilchersekt

Auszeichnungen
Prämiierung bei der steirischen Landesweinbewertung, Teilnahme am Salon Österreichischer Wein, Verkostungen im "Vinum", u.a.

Weinvermarktung
Ab-Hof-Verkauf, Zulieferung, Zusendung, Buschenschank
Export: Deutschland

Zusätzliches
Betriebs- und Kellerführung sowie kommentierte Verkostungen gegen Voranmeldung, Weinseminare, über 300 Jahre alter Keller, Urlaub am Weinbauernhof

Inhaber und Betriebsführer
Weinbaumeister Christian Cramer

Weingut Albert Christian Cramer
Gauitsch 19
8442 Kitzeck
Tel. 0 34 56 / 22 39
Fax 0 34 56 / 34 56

EIN STILLER SIEGER

Gesamtrebfläche
5 Hektar

Sortenspiegel
80% Weißwein mit den Sorten Welschriesling, Weißburgunder, Grauburgunder, Morillon, Müller-Thurgau, Gelber Muskateller, Sämling 88
10% Rotwein – Blauer Zweigelt
10% Schilcher (Blauer Wildbacher)

Art des Weinausbaues
klassisch - steirisch

Sonstiges im Angebot
Säfte

Auszeichnungen
Steirische Landesweinbewertung – Landessieger 1996 mit Ruländer Spätlese, ebenfalls 1996 Welschrieslingsieger im Kleine-Zeitung-Wettbewerb, u.a.

Weinvermarktung
Ab-Hof-Verkauf, Buschenschank

Zusätzliches
Urlaub am Weinbauernhof, Buschenschank, Führungen, kommentierte Verkostungen

Inhaber
August und Maria Assigal

Betriebsführer
August Assigal

Weingut Assigal
Seggauberg 45
8430 Leibnitz
Tel. / Fax 0 34 52 / 868 11

SEIT 1877 IM FAMILIENBESITZ, AB 1930 VON FRAU EMMA BULLMANN GEFÜHRT. SIE BEMÜHTE SICH UM DEN AUSBAU DER SÜDSTEIRISCHEN WEINSTRASSE, DAHER AUCH "MUTTER DER WEINSTRASSE" GENANNT.

Gesamtrebfläche
5,28 Hektar.

Rieden
Witscheinberg, Ratscher, Herrnberg

Boden
lehmiger Sand, Muschelkalk, Opok

Sortenspiegel
80% Weißwein mit den Sorten Welschriesling, Weißburgunder, Ruländer, Muskateller, Riesling, Sauvignon Blanc, Traminer, Müller-Thurgau, Sämling 88, Morillon
20 % Rotwein mit Blauem Zweigelt

Art des Weinausbaues
klassisch-steirisch, fruchtig-duftig

Sonstiges im Angebot
Brände, Säfte und Essig

Auszeichnungen
Steirische Landesweinbewertung

Weinvermarktung
Ab-Hof-Verkauf

Zusätzliches
Weingarten-, Betriebs- und Kellerführungen sowie kommentierte Verkostungen

Inhaber und Betriebsführer
Dr. Gerald Brandstätter

Weingut Bullmann
Ratsch a. d. Weinstraße 79
8461 Ehrenhausen
Tel. 0 34 53 / 25 35 oder 0 31 6 / 32 69 15
Fax 0 31 6 / 32 69 15

Weinhof Franz und Claudia Dietrich

Gastfreundschaft und Qualitätsbewusstsein sind unsere Ziele.

Gesamtrebfläche
5 Hektar.

Rieden
Schiermann Weingarten, Tischler Kogel, Biedermann Weingarten

Sortenspiegel
80% Weißwein aus den Sorten Welschriesling, Weißer Burgunder, Sämling 88, RieslingxSylvaner, Morillon, Sauvignon Blanc, Rheinriesling, Traminer
15% Rotwein aus den Sorten Blauer Zweigelt, Blauburgunder, Blauer Wildbacher

Art des Weinausbaues
klassisch-steirisch

Sonstiges im Angebot
Brände und Säfte

Auszeichnungen
Steirische Landesweinbewertung, u.a. Finalist mit Riesling 97

Weinvermarktung
Ab-Hof-Verkauf und im Buschenschank, Zustellung, Spedition, Export in die Schweiz

Zusätzliches
Urlaub am Weinbauernhof, Buschenschank, Betriebsführung sowie kommentierte Verkostungen

Betriebsführer
Franz Dietrich *(Weinbau- und Kellermeister)*

Weinhof Franz & Claudia Dietrich
Sernau 13
8462 Gamlitz
Tel. 0 34 53 / 33 84

WAS DIE TRAUBE NICHT BRINGT, KANN IM WEIN NICHT SEIN, DESHALB HÖCHSTE QUALITÄT IM WEINGARTEN UND KELLER.

Betriebsziel
Es ist das besondere Anliegen der Jugend im Hause, den Betrieb in qualitativer Hinsicht als steirisches Spitzenweingut zu positionieren.

Gesamtrebfläche
12 Hektar

Rieden
Hochsulz, Zoppelberg, Speisenegg – derzeit im Marketing nicht verwendet. Kürzlich konnte zur "Hochsulz" 5 ha geschlossene Südlage, eine der schönsten und besten Lagen der Südsteiermark, erworben werden.

Sortenspiegel
70% Weißwein mit dem steirischen Sortiment von Welschriesling, Weißburgunder, Chardonnay/Morillon, Müller-Thurgau, Sämling 88, Riesling, Muskateller und Gewürztraminer
20% Rotwein und 10% Rosé mit Blauem Zweigelt, Blauburger, Blauem Wildbacher und Schilcher

Art des Weinausbaues
Weißweine zur Gänze klassisch-steirisch
Rotweine klassisch und international

Besonderheiten
von allen Hauptsorten gibt es im Angebot zwei Weinlinien, eine leichte im Sinne von betont frisch, fruchtig und leicht im Alkohol, sowie eine hochreife für längere Reife und Lagerung, bezeichnet mit "classic"

Sonstiges im Angebot
Junker, Weißburgundersekt, Schilchersekt, zahlreiche Brände und alkoholfreie Säfte

Auszeichnungen
Steirische Landesweinbewertung und Wettbewerb Kleine Zeitung

Weinvermarktung
Großteils Ab-Hof-Verkauf und in Kombination mit Buschenschank und Gästezimmern; zunehmend aber auch Versand und Gastronomie, Verkauf auch nach Deutschland

Zusätzliches
Steirische Buschenschankkultur, Gästezimmer, Kinderspielplatz, Kellerführung sowie kommentierte Verkostungen

Betriebsführer
Johann, Hannes und Rudolf Dreisiebner

Weingut Dreisiebner Stammhaus
Sulztal 35
8461 Ehrenhausen
Tel. / Fax 0 34 53 / 25 90

Duftig-fruchtig-trocken ausgebaute Qualitäts- und Kabinettweine sind unser Ziel!

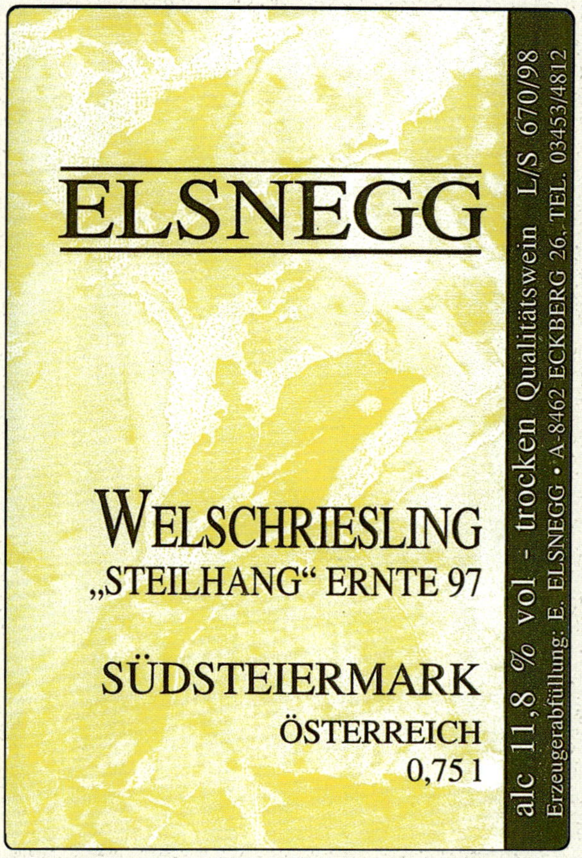

Weingut Elsnegg
Eckberg 26
8462 Gamlitz
Tel. / Fax 0 34 53 / 48 12

Gesamtrebfläche
6,5 Hektar

Rieden/Lagen
Hauslage Edelbach, Urlkogel, Eckberg

Sortenspiegel
80% Weißweine mit den Sorten Welschriesling, Weißburgunder, Morillon/Chardonnay, Gelber Muskateller, Roter Traminer, Sauvignon Blanc
20% Rotwein mit Blauem Zweigelt

Art des Weinausbaues
80% klassisch
20% international in den Sorten Chardonnay/Morillon und Blauer Zweigelt

Besonderheiten
Junker, im sonnenreichen Jahr 1997 etliche Prädikatsweine

Sonstiges im Angebot
verschiedene Brände und Säfte, sowie Frischobst im Sommer

Auszeichnungen
Bundessieger 1992 (Salon Österreichischer Wein) mit Sauvignon Blanc, Steirische Landesweinbewertung, Spitzenplätze bei Verkostungen verschiedener Fachmagazine wie À la Carte, aufgenommen im Gault Millau,...

Weinvermarktung
60% Ab-Hof-Verkauf mit Buschenschank und Gästezimmern
40% Versand, Verkauf auch nach Deutschland

Zusätzliches
Buschenschank und Gästezimmer, Betriebs- und Kellerführungen, Weinberg Rundwanderweg, kommentierte Verkostungen

Inhaber und Besitzer
Engelbert und Monika Elsnegg

Wer einen Erzherzog Johann Wein geniesst, soll wissen, dass hinter jedem Schluck viele fleissige Weinbauernhände stehen.

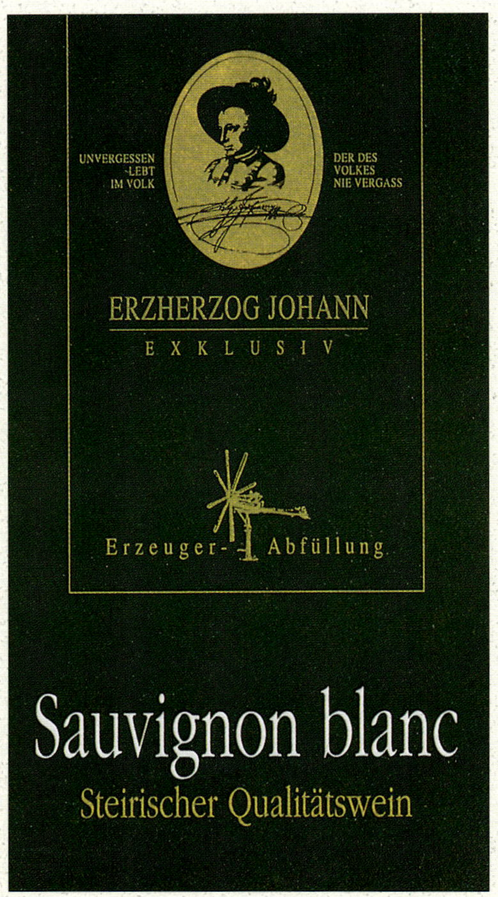

Gesamtrebfläche
100 Hektar

Rieden
Klöch, Graßnitzberg, Ottenberg, Kitzeck

Sortenspiegel
75% Weißwein mit dem steirischen Sortiment, u.a. Welschriesling, Weißburgunder, Grauburgunder (Pinot Gris), Chardonnay (Morillon), Sauvignon Blanc, Traminer (Klöcher), Rieslingx Sylvaner (Müller-Thurgau)
20% Rotwein mit Blauem Zweigelt
5% Blauer Wildbacher (Schilcher)

Art des Weinausbaues
klassisch
international nur Chardonnay, Pinot Gris

Besonderheiten
Erzherzog Johann, "Steirischer Herbst" (Weißburgunder Cuvée),
Steirischer Hauersekt (Weißburgunder brut),
Weststeirischer "Schilchersekt"

Auszeichnungen
Steirische Landesweinbewertung – Sieger 95 (Weißweinsekt)
À la Carte, Finalist mit Sekt 97 und Welschriesling 97

Weinvermarktung
Gastronomie, Getränkefachhandel
Verkauf auch nach Deutschland und England

Betriebsführer
Ing. Schober

Kellermeister
Ing. Kugel

Erzeugergemeinschaft der Erzherzog Johann Weine
8461 Ehrenhausen 34
Tel. 0 34 53 / 24 23
Fax +6

EIN ROTWEINPIONIER DER STEIERMARK.

Gesamtrebfläche
6 Hektar

Bodencharakteristik
Das Tal der tausend Steine (Muschelkalk)

Sortenspiegel
50% Weißweine mit den Sorten Chardonnay/Morillon, Gelber Muskateller, Grauburgunder, Grüner Sylvaner, Sauvignon Blanc, Welschriesling
50% Rotweine mit Blauem Zweigelt, Cabernet Sauvignon

Art des Weinausbaues
Weißweine klassisch-steirisch
Rotweine seit vielen Jahren international

Sonstiges im Angebot
verschiedene Brände, Säfte sowie Sekt

Auszeichnungen
mehrfacher Landessieger (steirische Landesweinbewertung), im Salon Österreichischer Weine, Falstaff

Weinvermarktung
Ab-Hof-Verkauf, gehobene Gastronomie (Haubenlokale)

Zusätzliches
Schloßschenke mit steirischer Küche, Altweine im Verkauf, Betriebs- und Kellerführungen sowie kommentierte Verkostung, Gästehaus für 2 bis 4 Personen

Inhaber und Betriebsführer
Günther Wagner

Weingut Georgi-Schlössl
8461 Ehrenhausen 68
Tel. 0 34 53 / 22 53
Fax 0 34 53 / 43 43

FLASCHENFÜLLUNGEN ERFOLGEN ERST NACH VOLLENDETEM WEINAUSBAU.

Gesamtrebfläche
3 Hektar, davon 2,3 ha Eigenfläche, der Rest ist Traubenzukauf

Rieden
Sernauberg

Sortenspiegel
80% Weißwein aus den Sorten Welschriesling, Weißburgunder, Morillon, Riesling, Müller-Thurgau, Sauvignon Blanc, Sämling 88
20% Rotwein aus Blauem Zweigelt und Blaufränkisch

Art des Weinausbaues
Weißweine klassisch-steirisch, betont fruchtig-frisch
Rotweine klassisch und international

Sonstiges im Angebot
Sekt-Moussant Perlwein, "Heckenklescher" (aus der Isabella Traube), Traubensaft

Auszeichnungen
World Champion Laibach 1992, Salon Österreichischer Wein, Steirische Landesweinbewertung

Weinvermarktung
Ab-Hof-Verkauf, Fachgroßhandel, Gastronomie
Verkauf auch nach Deutschland (Bayern)

Zusätzliches
Kellerführungen sowie kommentierte Verkostungen

Inhaber
Karl und Maria Grasmuck

Betriebsführer
Karl-Heinz Grasmuck *(Weinbau- und Kellermeister)*

Weingut und Rebschule Grasmuck
Obere Hauptstraße 51
8462 Gamlitz
Tel. 0 34 53 / 22 78
Fax +2

Aus der Verbindung von Rebsorte und Boden entstehen markante, finessenreiche und in die Tiefe gehende Weine.

Weingut Groß
8461 Ratsch an der Weinstraße 26
Tel. 0 34 53 / 25 27
Fax 0 34 53 / 27 28

Gesamtrebfläche
32,5 Hektar, davon 15 ha selbst bewirtschaftet, 17,5 ha Traubenzukauf.

Rieden
Kittenberg – Süd-, Südwestlage mit sandsteinhaltigem Schieferboden und Muschelkalkauflage
Nussberg – Süd-, Südwestlage mit kalkhaltigem Tonschiefer (Mergel) und teilweise sandigem Lehm
Sulz – Südwestlage mit sandigem Lehm und Tonschiefer

Sortenspiegel
95% Weißwein mit den Sorten Welschriesling, Grauburgunder, Weißburgunder, Morillon/Chardonnay, Sauvignon Blanc, Gelber Muskateller, Sämling 88
5% Rotwein mit Blauem Zweigelt

Art des Weinausbaues
"Steirische Klassik"
Lagenweine – je nach Jahrgang die Sorten Morillon, Grauburgunder, Sauvignon Blanc im internationalen Ausbau

Besonderheiten
Junker, Steirische Leit'n, Ratscher Nussberg, Sommerwein (Welschriesling geprägte Cuvée)

Auszeichnungen
Top Gourmet Trophee 96, Gault Millau, Falstaff Winzer des Jahres 91, Kleine Zeitung Wettbewerb, À la Carte, Auszeichnung für landschaftsgerechtes Bauen (Geramb-Dankabzeichen)

Weinvermarktung
60% Ab-Hof-Verkauf
40% Wiederverkäufer
Verkauf und Export nach Deutschland, Holland, Belgien, Schweiz, Italien

Zusätzliches
Buschenschank im elterlichen Betrieb (Ratsch Nr. 10), Führungen und kommentierte Verkostungen

Inhaber
Alois und Ulrike Groß

Betriebsführer
Alois Groß *(Weinbau- und Kellermeister)*

ES GILT IMMER DANACH ZU TRACHTEN, AUS DEM UNS GEGEBENEN BODEN UND KLIMA EIN NATÜRLICHES GETRÄNK HERVORZUBRINGEN.

Gesamtrebfläche
8 Hektar und Traubenzukauf

Rieden
Oberburgstall

Sortenspiegel
85% Weißwein mit den Sorten Welschriesling, Weißburgunder, Grauburgunder, Morillon, Sauvignon Blanc, Riesling, Gelber Muskateller, Sämling 88, Traminer
15% Rotwein mit den Sorten Blauburgunder, Blauer Zweigelt, Blauer Wildbacher

Art des Weinausbaues
klassisch-steirisch und international

Sonstiges im Angebot
verschiedene Brände, Säfte und Marmeladen

Auszeichnungen
Sieger 1996 bei der Landesweinbewertung, internationale Anerkennungen

Weinvermarktung
50% Ab-Hof-Verkauf
40% Handel
10% Gastronomie und Wiederverkäufer

Zusätzliches
Führungen, kommentierte Verkostungen, Restaurantbetrieb mit Fremdenzimmern (40 Betten), Weindegustationsmenu nach Vereinbarung

Inhaber und Betriebsführer
Hannes Harkamp

Weingut Harkamp
Flamberg 46
8505 St. Nikolai im Sausal
Tel. 0 31 85 / 22 80
Fax +4

Der Grossteil unserer Weine geht an Privatkunden.

Gesamtrebfläche
4,7 Hektar

Sortenspiegel
70% Weißwein mit den Sorten Welschriesling, Klevner (Weißburgunder), Gelber Muskateller, Müller-Thurgau, Sauvignon Blanc, Morillon, Grauburgunder
30% Rotwein und Rosé mit den Sorten Blauburger, Blauer Wildbacher (rot und Schilcher)

Besonderheiten
Steirische Idylle, Blauer Wildbacher

Sonstiges im Angebot
Blauer Wildbacher Sekt "Finesse", verschiedene Brände und Säfte

Auszeichnungen
im Salon Österreichischer Wein mit Schilcher,
Gold bei Laibacher Weinmesse mit Sauvignon Blanc,
Finalist Landesweinbewertung 98 mit Weißburgunder

Weinvermarktung
80% Ab-Hof-Verkauf und im Buschenschank
20% Gastronomie

Zusätzliches
Fremdenzimmer, Buschenschank, Führungen, kommentierte Verkostungen

Inhaber und Betriebsführer
Familie Johann Jaunegg

Weingut Jaunegg
Eichberg-Trautenburg 160
8453 St. Johann im Saggautal
Tel. 0 34 55 / 67 54
Fax +4

Weinhof und Geniesserhotel Kappel

Geringe Erträge auf Urgestein - Weine mit höchster Sorgfalt.

Gesamtrebfläche
5 Hektar

Rieden
Lauriegel, Krannachberg

Sortenspiegel
90% Weißwein mit den Sorten Welschriesling, Weißburgunder, Grauburgunder, Müller-Thurgau, Riesling, Sauvignon Blanc, Morillon/Chardonnay, Gelber Muskateller
10% Rotwein mit Blauem Zweigelt, Blauem Wildbacher

Art des Weinausbaues
klassisch-steirisch,
international bei den Sorten Chardonnay, Burgunder Cuvée und Blauer Zweigelt

Besonderheiten
Steirische Hoheit, Kappelhof Selektion

Sonstiges im Angebot
Sekt-Mousseux de Luxe, verschiedene Brände und Säfte

Auszeichnungen
Gault Millau

Weinvermarktung
ausschließlich ab Hof!

Zusätzliches
angeschlossener Hotelbetrieb, kleine Vinothek, historischer Keller, Führungen, kommentierte Verkostungen

Inhaber
Dietmar und Helene Kappel

Betriebsführer
Dietmar Kappel

Weinhof und Genießerhotel Kappel
Steinriegl 25
8442 Kitzeck
Tel. 0 34 56 / 23 47
Fax +30

WIR VERSUCHEN DIE REBSORTEN STANDORTGERECHT AUS-ZUPFLANZEN, UM AUS DER NATUR DAS BESTE ZU MACHEN.

Gesamtrebfläche
4 Hektar

Sortenspiegel
80% Weißwein mit den Sorten Welschriesling, Weißburgunder, Grauburgunder, Chardonnay, Sauvignon Blanc, Gelber Muskateller
20% Rotwein und Schilcher, mit den Sorten Blauer Zweigelt und Blauer Wildbacher

Art des Weinausbaues
klassisch

Besonderheiten
"Steirische Idylle"

Sonstiges im Angebot
verschiedene Brände und Säfte

Auszeichnungen
Steirische Landesweinbewertung

Weinvermarktung
Ab-Hof-Verkauf, Buschenschank

Zusätzliches
Urlaub am Weinbauernhof, Buschenschank, kommentierte Verk

Inhaber
Josef und Gerti Klug

Betriebsführer
Josef Klug

Weingut Josef Klug
Eichberg-Trautenburg 18
8463 Leutschach
Tel.: 0 34 54 / 61 63

An unsere Weingärten grenzt ein sehenswerter Weinkulturgarten mit dem Motto: Geschichte, Wein, Kultur und Kunst.

Gesamtrebfläche
7 Hektar

Sortenspiegel
70% Weißwein aus den Sorten Welschriesling, Weißburgunder, Grauburgunder, Morillon, Gelber Muskateller, Sauvignon Blanc
30 % Rotwein und Rosé aus den Sorten Blauer Zweigelt, Blauburger und Schilcher

Art des Weinausbaues
klassisch-steirisch

Sonstiges im Angebot
zahlreiche Brände, Säfte und Sekt

Auszeichnungen
1992 Landessieger mit Muskateller und im Salon Österreichischer Wein, 1994 Landessieger und Salonteilnahme mit Morillon/Chardonnay, weitere Prämiierungen in der Steirischen Landesweinbewertung, z.B. Landessieger 98 mit Muskateller

Weinvermarktung
Ab-Hof-Verkauf und im Buschenschank, Zustellung, Spedition

Zusätzliches
Urlaub am Weinbauernhof, Buschenschank, Kellerführung sowie kommentierte Verkostungen

Inhaber und Betriebsführer
Franz Lieleg

Weingut Kollerhof
Eichberg 39
8463 Leutschach
Tel. / Fax 0 34 54 / 439

WIR BAUEN DIE WEINE IN EDELSTAHLTANKS REDUKTIV UND TROCKEN AUS.

Gesamtrebfläche
5 Hektar, davon 3 ha Eigenfläche und 2 ha Traubenzukauf

Sortenspiegel
80% Weißwein mit den Sorten Welschriesling, Weißburgunder, Morillon, Gelber Muskateller, Riesling, Sauvignon Blanc
10% Blauer Zweigelt
10% Schilcher (Blauer Wildbacher)

Art des Weinausbaues
klassisch-steirisch

Auszeichnungen
Landessieger mit Riesling 1992 und 1993

Weinvermarktung
Ab-Hof-Verkauf mit dem Buschenschank

Zusätzliches
Buschenschankbetrieb, Führungen, kommentierte Verkostungen

Inhaber
Herbert und Petronella Kratzer

Betriebsführer
Herbert Kratzer

Weingut Kratzer
Kittenberg 16
8451 Heimschuh
Tel. 0 34 52 / 86 055

Klassischer Weinausbau sowie Abfüllen der Weine erst bei optimaler Reife ist das Ziel.

Gesamtrebfläche
9,2 Hektar

Sortenspiegel
95% Weißweine mit den Sorten Welschriesling, Weißburgunder, Grauburgunder, Morillon/ Chardonnay, Gelber Muskateller, Grüner Sylvaner, Sauvignon Blanc, Roter Traminer
5% Rotwein mit Blauem Zweigelt

Art des Weinausbaues
klassisch-steirisch
international nur bei Chardonnay

Besonderheiten
Junker, Steirische Leit'n, Altsteirischer Mischsatz

Auszeichnungen
Steirische Landesweinbewertung, im Salon Österreichischer Wein, Falstaff, À la Carte

Weinvermarktung
40% Ab-Hof-Verkauf,
60% Gastronomie und Vinotheken
Verkauf auch nach Deutschland

Zusätzliches
Weingarten- und Kellerführungen, kommentierte Verkostungen

Inhaber und Betriebsführer
Christian und Ilse Kugel

Weinhof Kugel
Graßnitzberg 42
8471 Spielfeld
Tel. 0 34 53 / 25 92
Fax 0 34 53 / 23 32

Weingut
Lackner-Tinnacher

Die Weingärten stehen im Mittelpunkt, die Weine weisen eine besonders feine Struktur auf.

Gesamtrebfläche
12,8 Hektar

Rieden
Lage Steinbach, Lage Eckberg
Steile Südlagen mit Sand-, lehmigen Sand- und Schotterböden

Sortenspiegel
95% Weißwein aus den Sorten Welschriesling, Weißburgunder, Morillon, Sauvignon Blanc, Muskateller, Grauburgunder, Traminer, Riesling, Sämling 88, Muskat-Ottonel
5% Rotwein aus Blauem Zweigelt und St. Laurent

Art des Weinausbaues
klassisch

Besonderheiten
Eiswein 1997, Traminer Beerenauslese 1997, Riesling Auslese 1997, Cuvée Blauer Zweigelt und St. Laurent Steinbach

Sonstiges im Angebot
verschiedene Brände und Säfte aus eigenen Anlagen

Auszeichnungen
Steirische Landesweinbewertung Sieger mit Auslese Rheinriesling 97, im Salon Österreichischer Wein, Falstaff: Winzer des Jahres

Weinvermarktung
Ab-Hof-Verkauf, Weinfachhandel, Gastronomie
Verkauf und Export: Deutschland und Schweiz

Zusätzliches
traditionsreiches Weingut, erstmals 1770 urkundlich erwähnt, Verkostungen möglich

Inhaber und Betriebsführer
Fritz und Wilma Tinnacher

Weingut Lackner-Tinnacher
Steinbach 12
8462 Gamlitz
Tel. 0 34 53 / 21 42
Fax 0 34 53 / 48 41

Als Landesweingut und Fachschule für Weinbau und Kellerwirtschaft vorbildhaft in Theorie und Praxis

Gesamtrebfläche
25 Hektar

Rieden
Schloßberg, Annaberg, Silberberg

Sortenspiegel
85% Weißweine mit den Sorten Welschriesling, Weißburgunder, Chardonnay, Sauvignon Blanc, Traminer, Riesling
15% Rotweine und Rosé, Blauer Zweigelt und Schilcher

Art des Weinausbaues
Chardonnay und Blauer Zweigelt international, alle übrigen klassisch-steirisch

Besonderheiten
große Auswahl an Bränden, Säften, sowie Burgunder- und Schilchersekt, Schilcher-Perlwein, Weinessig

Auszeichnungen
Landessieger bei der steirischen Landesweinbewertung, im Salon Österreichischer Wein, Gault Millau, À la Carte, ...

Weinvermarktung
70% Ab Hof-Verkauf
20% Vinotheken
10% gehobene Gastronomie
Verkauf auch nach Deutschland

Zusätzliches
Weinlehrpfad! Für Gruppen Weingarten-, Betriebs- und Kellerführungen

Betriebsführer
Werner Surma

Landesweingut Silberberg
Kogelberg 16
8430 Leibnitz
Tel. 0 34 52 / 82 339
Fax +17

DIE DERZEITIGEN VERSUCHSZIELE: KLONENSELEKTIONEN, SORTENPRÜFUNGEN, REINZUCHTHEFENVERGLEICH, PRÜFUNG VON SÄURE-ABBAUKULTUREN, USW.

Gesamtrebfläche
5 Hektar

Rieden
Reiteregg, Rentmeister

Sortenspiegel
60% Weißwein mit den Sorten Welschriesling, Weißburgunder, Morillon/Chardonnay, Sauvignon Blanc, Traminer, Riesling, Grauburgunder u.a.
20% Rotwein mit Blauem Zweigelt, St. Laurent
20% Roséwein (Schilcher)

Art des Weinausbaues
klassisch-steirisch
international bei Morillon und den Rotweinen

Besonderheiten
Cuvée Rentmeister (Rotwein)

Sonstiges im Angebot
Schnäpse, Säfte, Nektare

Auszeichnungen
Steirische Landesweinbewertung

Weinvermarktung
Ab-Hof-Verkauf

Betriebsführer
Dipl. Ing. Leonhard Steinbauer

Landwirtschaftliches Versuchszentrum Steiermark
Versuchsstation für Obst- und Weinbau Haidegg
Ragnitzstraße 193
8047 Graz
Tel. 0 31 6 / 30 46 10
Fax +9

EIN SIEGERBETRIEB

Gesamtrebfläche
2 Hektar

Sortenspiegel
90% Weißwein mit den Sorten Welschriesling, Weißburgunder, Morillon, Gelber Muskateller, Sauvignon Blanc, Sämling 88
10% Rotwein mit Blauem Zweigelt

Art des Weinausbaues
Weißweine steirisch-klassisch
Rotweine mit Holzausbau

Sonstiges im Angebot
Weißburgunder Sekt "Cicero", verschiedene Brände und Säfte

Auszeichnungen
Landessieger mit Weißburgunder, im Salon Österreichischer Wein

Weinvermarktung
Ab-Hof-Verkauf, Versand, Zulieferung

Zusätzliches
Ferienwohnungen am Graßnitzberg, Spielfeld, kommentierte Verkostungen

Inhaber und Betriebsführer
Anton und Ingrid List

Weinbau Familie List
Siebing 17
8481 Weinburg am Saßbach
Tel. 0 34 72 / 82 79
Fax +4

Angestrebt wird die frische, fruchtige, steirische Linie im Kabinett- und Prädikatsweinbereich.

Gesamtrebfläche
7 Hektar

Rieden
Schusterberg, Stermetzberg

Sortenspiegel
85% Weißwein mit den Sorten

Welschriesling	25%
Weißburgunder	15%
Sauvignon Blanc	15%
Scheurebe	10%
Morillon	10%
Riesling	5%
Traminer	5%

15% Rotwein mit Blauem Zweigelt

Art des Weinausbaues
klassisch-steirisch – siehe oben, Weinphilosophie!

Sonstiges im Angebot
Prädikatsweine, verschiedene Brände und Säfte

Auszeichnungen
Spitzenbewertungen in verschiedenen Fachmagazinen wie Gault Millau, À la Carte, Kleine Zeitung Wettbewerb, Landessieger 98 mit Riesling

Weinvermarktung
80% Ab Hof-Verkauf und im Buschenschank
20% Gastronomie und Vinotheken, Versand in Österreich und Deutschland

Zusätzliches
Urlaub am Weinbauernhof – "Rebenburg" – Pension mit 20 Betten, bietet Weinlager an, Altweinverkauf, kommentierte Verkostungen

Inhaber
Wolfgang und Maria Maitz

Betriebsführer
Wolfgang Maitz

Weingut Wolfgang Maitz
Ratsch an der Weinstraße 45
8461 Ehrenhausen
Tel. 0 34 53 / 21 53
Fax +7

Fruchtige, typisch steirische Weine möglichst natürlich ausbauen!

Gesamtrebfläche
5,88 Hektar

Rieden
Sernauberg, Glanzberg, Fötschachberg

Sortenspiegel
70% Weißwein mit den Sorten Welschriesling, Ruländer/Grauburgunder, Müller-Thurgau, Morillon, Gelber Muskateller, Gewürztraminer, Sauvignon Blanc
30% Rotwein mit den Sorten Blauer Zweigelt, Blauburger, Blauer Wildbacher

Art des Weinausbaues
klassisch-steirisch
international Blauer Zweigelt

Besonderheiten
Ruländer Eiswein (!) 1997, "Massersekt" (Cuvée), Perlwein "Maussant" (Cuvée)

Sonstiges im Angebot
verschiedene Brände und Säfte

Auszeichnungen
Steirische Landesweinbewertung, u.a. Finalist mit Grauer Burgunder Eiswein 97, Laibacher Weinmesse

Weinvermarktung
50% Ab-Hof-Verkauf
50% Wiederverkäufer und Gastronomie
Verkauf auch nach Deutschland

Zusätzliches
Weingarten-, Betriebs- und Kellerführungen sowie kommentierte Verkostungen

Inhaber und Betriebsführer
Peter und Anna Masser

Weingut Familie Masser
Fötschach 41
8463 Leutschach
Tel. / Fax 0 34 54 / 467

NATÜRLICH, REINSORTIG, LIEBEVOLL, LAUTET DAS MOTTO FÜR UNSERE WEINE.

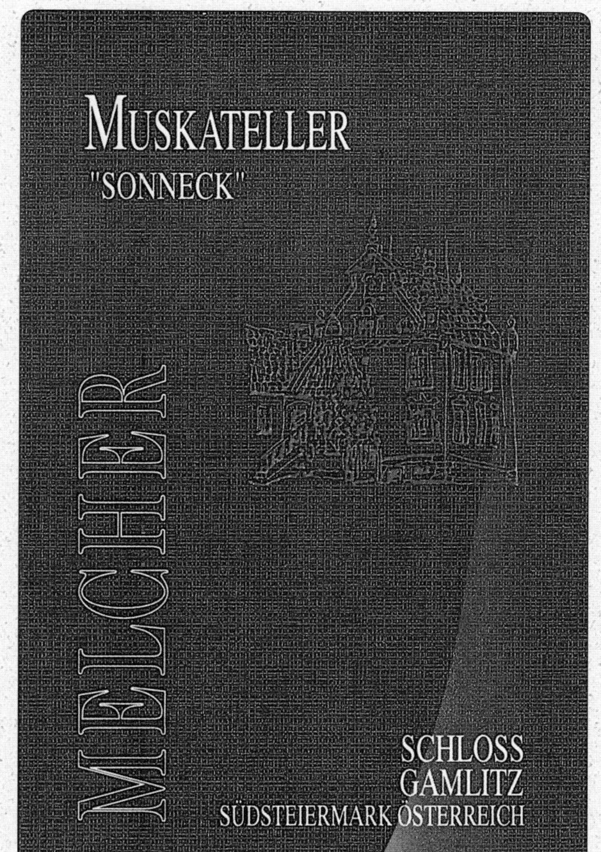

Weingut Melcher
Eckberger Weinstraße 32
8462 Gamlitz
Tel. 0 34 53 / 23 63
Fax 0 34 53 / 45 50

Gesamtrebfläche
11 Hektar

Rieden
Sonneck, Wietscheiner Herrenberg, Sernau

Sortenspiegel
93% Weißwein mit den Sorten Welschriesling, Weißburgunder, Riesling, Chardonnay, Sauvignon Blanc, Gelber Muskateller, Muskat Ottonel
5% Rosé – Schilcher
2% Rotwein – Blauer Zweigelt

Art des Weinausbaues
überwiegend klassisch-steirisch
international: Sauvignon Blanc, Chardonnay

Sonstiges im Angebot
Sekt, Frizzante, verschiedene Brände und Säfte

Auszeichnungen
Steirische Landesweinbewertung, Kleine Zeitung Wettbewerb, Laibacher Weinmesse

Weinvermarktung
Ab-Hof-Verkauf, Vertretungen im Ausland, Gastronomie, Handel
Verkauf und Export nach Deutschland, Dänemark, Schweiz, Japan

Zusätzliches
Fremdenzimmer, Weinmuseum, historischer Keller, Altwein-Verkauf, Galerie – Trilogie der Schnäpse, Kulturveranstaltungen, kommentierte Verkostungen

Inhaber
Familie Melcher

Betriebsführer
Arnold Melcher

Verfechter der steirischen Linie - fruchtig-duftige reintönige und sortentypische Weine.

Gesamtrebfläche
9 Hektar, davon 6 ha Eigenfläche und 3 Hektar Traubenzukauf

Rieden
Sernauberg

Sortenspiegel
90% Weißweine der Sorten Welschriesling, Morillon, Müller-Thurgau, Riesling, Muskateller, Sauvignon Blanc, Traminer
10% Rotwein aus Blauem Zweigelt

Art des Weinausbaues
90% klassisch
10% international mit Blauem Zweigelt, Morillon und Sauvignon Blanc

Sonstiges im Angebot
verschiedene Brände mit Auszeichnung

Auszeichnungen
mehrmals Landessieger bei der Steirischen Landesweinbewertung, z.B. Sieger 1998 mit Morillon Eiswein, Sieger im Salon Österreichischer Weine

Weinvermarktung
1/3 Ab Hof-Verkauf
1/3 Gastronomie
1/3 Wiederverkäufer

Zusätzliches
Bauernhaus aus 1808, Steingewölbekeller aus dem Jahre 1700, neuer Schaugewölbekeller. Kellerführung sowie kommentierte Verkostungen

Inhaber und Betriebsführer
Otto und Theresia Riegelnegg

Weingut Olwitschhof
Steinbach 62
8462 Gamlitz
Tel. 0 34 54 / 62 63
Fax +6

FRUCHTIGE, TROCKENE WEINE - QUALITÄT VOR MASSE

Gesamtrebfläche
5 Hektar

Sortenspiegel
80% Weißweine, steirisches Sortiment:
Welschriesling, Weißburgunder, Sauvignon Blanc, Chardonnay/Morillon, Gelber Muskateller, Grauburgunder, Müller-Thurgau, Sämling 88
20% Rotweinanteil mit Blauem Zweigelt und Blauburger

Art des Weinausbaues
grundsätzlich klassisch, ausgenommen Morillon und Grauburgunder (Ruländer)

Sonstiges im Angebot
verschiedene Brände und Säfte

Auszeichnungen
Steirische Landesweinbewertung

Weinvermarktung
Ab-Hof-Verkauf, Versand, Gastronomie

Zusätzliches
"Urlaub am Bauernhof", Weingarten-, Betriebs- und Kellerführungen sowie kommentierte Verkostungen

Betriebsführer
Ing. Johannes Peitler

Weingut Familie Peitler
Schloßberg 127
8463 Leutschach
Tel.: 0 34 52 / 55 22

In den letzten Jahren hervorgetreten mit guter Qualität: Bestes Preis-Leistungsverhältnis

Gesamtrebfläche
7 Hektar

Rieden
Mitteregg, Nebenegg

Sortenspiegel
80% Weißweine mit den Sorten Chardonnay/ Morillon, Grauburgunder, Welschriesling, Klevner (Weißburgunder), Sauvignon Blanc, Riesling, Grüner Sylvaner, Traminer, Müller-Thurgau, Sämling 88
15% Rotweine mit Blauem Zweigelt und Blauem Wildbacher
5% Schilcher

Art des Weinausbaues
überwiegend klassisch - fruchtig - duftig - steirisch international bei Burgunder Cuvée und Blauem Zweigelt

Besonderheiten
Junker, Steirische Leit'n

Sonstiges im Angebot
zahlreiche Fruchtbrände und Schnäpse sowie Säfte, weiters Schilchersekt und Burgunder Cuvee-Sekt

Auszeichnungen
bei der Steirischen Landesweinbewertung Landessieger 97 mit Morillon und weitere Weine im Finale, Salon Sieger 98 mit Weißburgunder.

Weinvermarktung
Ab-Hof-Verkauf

Zusätzliches
Angebot für Weinlagerung, historischer Keller

Betriebsführer
Hubert Pichler

Weinhof Pichler-Schober
Mitteregg 26
8505 St.Nikolai im Sausal
Tel. / Fax 0 34 56 / 34 71

Qualität aus Leidenschaft - Seit 1912 betreibt die Familie Polz Weinbau aus Überzeugung.

Weingut Erich und Walter Polz
Graßnitzberg 54a
8471 Spielfeld
Tel. 0 34 53 / 23 01-0 oder 27 30
Fax 0 34 53 / 23 01-6

Gesamtrebfläche
33 Hektar, davon 23 ha Eigenfläche und 10 ha in Bewirtschaftung (Weingut Rebenhof)

Rieden
Hochgraßnitzberg ("HG"), Obegg, Graßnitzberg

Sortenspiegel
87% Weißwein (steirisches Sortiment)
10% Rotwein (neben Blauem Zweigelt auch Blaufränkisch, Cabernet Sauvignon, ...)

Arten des Weinausbaues
"Steirischer Spiegel": leichte, frische Weine, immer aus zwei Rebsorten wie Riesling/Sauvignon Blanc, Blauer Zweigelt/Cabernet Sauvignon und Blauer Zweigelt/St. Laurent. Jung zu trinken!
Steirische Klassik: sortenreine Qualitätsweine in traditionellem steirischem Ausbau (kein Barrique, Verzicht auf Säureabbau)
Lagenweine: hochwertigste Selektionen aus den besten Lagen ("HG"). Die Trauben dafür sind physiologisch bestens ausgereift, mit internationalem Ausbau bleiben alle Merkmale von Jahrgang und Lage erhalten. Unter der Bezeichnung "Urbani" wird der Lagenwein Graßnitzberg aus den Sorten Cabernet Sauvignon /Blaufränkisch nach 18 Monaten Barriquelagerung zum Verkauf gebracht.

Auszeichnungen
Steirische Landesweinbewertung, Falstaff, Winzer des Jahres, Wine Spectator, À la Carte, ...

Weinvermarktung
1/3 Ab Hof-Verkauf
1/3 Direktverkauf an die Gastronomie
1/3 Weinfachhändler
Export nach Deutschland, Schweiz, Niederlande und USA

Zusätzliches
Buschenschank, Kellerführung sowie kommentierte Verkostungen gegen Voranmeldung

Inhaber und Betriebsführer
Erich und Walter Polz

Jahr für Jahr bemühen wir uns von Neuem um bestmögliche finessenreiche und fruchtbetonte Weine, ob leicht, klassisch oder lagenspezifisch.

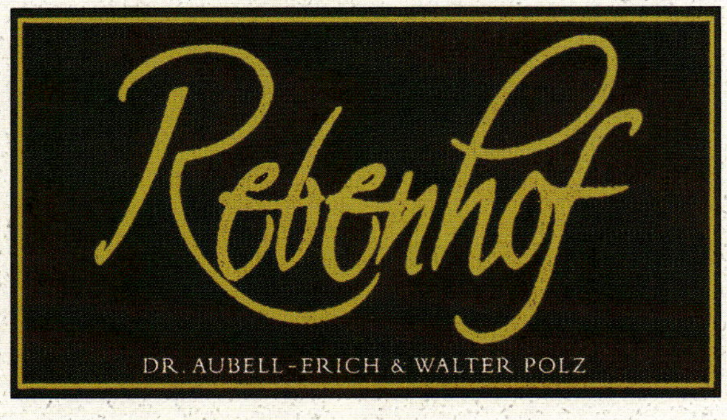

Gesamtrebfläche
10 Hektar

Rieden
Witscheiner Herrenberg, Nußberg, Obere Ranz

Sortenspiegel
95% Weißwein (steirisches Sortiment)
5% Rotwein

Arten des Weinausbaues
klassisch und international

Auszeichnungen
Wine Spectator

Weinvermarktung
10% ab Hof Rebenhof
10% Gastronomie
80% Fachhandel
Verkauf auch nach Deutschland

Betriebsführer
Dr. Aubell
Erich und Walter Polz

Weingut Rebenhof
Tel. 0 34 53 / 23 01-0 oder 27 30
Fax 0 34 53 / 23 01-6

Unser Bestreben ist es, erstklassige Weine zu keltern sowie innovative Produkte zu entwickeln (z. B. Traubenkernöl aus steirischen Trauben).

Gesamtrebfläche
12 Hektar, davon 5 ha Eigenfläche und 7 ha Traubenzukauf

Rieden
Sulztaler, Sulz

Sortenspiegel
70% Weißwein mit den Sorten Welschriesling, Ruländer, Morillon, Sauvignon Blanc, Muskateller, Traminer
20% Schilcher (Blauer Wildbacher)
10% Rotwein und Rosé Blaufränkisch, Blauer Zweigelt

Art des Weinausbaues
klassisch-steirisch, sowie international bei Blauer Zweigelt und Morillon

Besonderheiten
Platscher Perle, Resecco, Schilchersekt Sparkling, Eiswein

Sonstiges im Angebot
verschiedene Brände, Traubenkernöl

Auszeichnungen
Steirische Landesweinbewertung

Weinvermarktung
Ab-Hof-Verkauf, Zustellung, Gastronomie
Verkauf auch nach Deutschland

Zusätzliches
seit 1830 in Familienbesitz, Führungen und kommentierte Verkostungen

Inhaber
Georg und Stefanie Regele

Betriebsführer
Ing. Georg Regele

Weingut Regele
Berghausen 34
8461 Ehrenhausen
Tel. 0 34 53 / 24 260
Fax 0 34 53 / 24 26 10

Durch etwas weniger ist mehr zu konstanter Qualität.

Gesamtrebläche
6 Hektar

Rieden:
Felsenriegel, Sernauberg

Sortenspiegel
80% Weißwein in den Sorten Welschriesling, Weißburgunder, Grauburgunder, Morillon, Gelber Muskateller, Sauvignon Blanc
20% Rotwein in den Sorten Blauer Zweigelt, Blauer Wildbacher

Art des Weinausbaues
klassisch-steirisch

Besonderheiten
dank des Jahrganges 1997 viele Prädikatsweine sowie erstmals ein Eiswein

Sonstiges im Angebot
Muskateller-Sekt, verschiedene Brände

Auszeichnungen
oftmals Spitzenplätze bei der Steirischen Landesweinbewertung, Salonsieger 1991 mit Welschriesling, Wettbewerb Kleine Zeitung, ...

Weinvermarktung
Ab-Hof-Verkauf, private Abgabestellen, Gastronomie

Zusätzliches
Kellerführung und kommentierte Verkostungen

Inhaber
Karl und Annemarie Riegelnegg

Betriebsführer
Karl Riegelnegg *(Weinbau- und Kellermeister)*

124

Weingut Karl und Annemarie Riegelnegg
Sernau 21
8462 Gamlitz
Tel. / Fax 0 34 54 / 490

Weingut
Erwin Sabathi

"Weine entstehen zuerst im Kopf" - das Ergebnis sind Weine wie Landessieger sowie vorderste Plätze bei verschiedenen Wett-bewerben und Hit-listen.

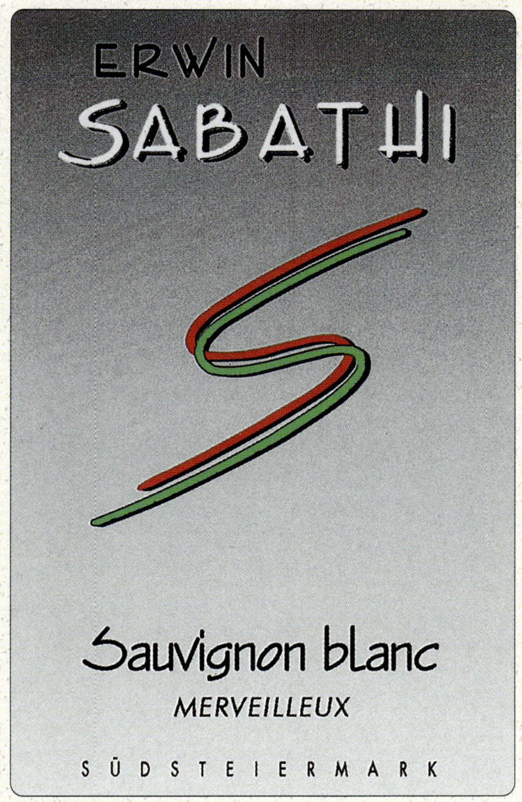

Weingut Erwin Sabathi
Pößnitz 48
8463 Leutschach
Tel. / Fax 0 34 54 / 265

Gesamtrebfläche
6 Hektar

Rieden
Pößnitzberg, Jägerberg

Sortenspiegel
90% Weißwein aus den Sorten Welschriesling, Weißburgunder, Morillon, Grauburgunder, Sauvignon Blanc, Gelber Muskateller, Sämling 88
10% Rotwein und Rosé (Schilcher)

Art des Weinausbaues
Lagenweine klassisch
"International" unter der Bezeichnung "Merveilleux" aus den Sorten Sauvignon Blanc bzw. aus Morillon/Chardonnay

Besonderheiten
siehe Merveilleux (!) sowie "Pößnitzberg E", eine Erstschöpfung des Juniors

Sonstiges im Angebot
Brände und Säfte

Auszeichnungen
Landessieger bei der Steirischen Landesweinbewertung, Spitzenplätze bei Wettbewerben der Kleinen Zeitung und in Kutschers Österreichischem Weinguide, u.a.m.

Weinvermarktung
Ab-Hof-Verkauf, Fachhandel, Gastronomie
Verkauf auch nach Deutschland

Zusätzliches
Buschenschankbetrieb, Gästezimmer, historischer Keller, Kellerführungen und kommentierte Verkostungen

Inhaber und Betriebsführer
Erwin Sabathi

SATTLER SEN. ZÄHLT ZU DEN BEGRÜNDERN DES "NEUEN STEIRISCHEN WEINES". SEINE PHILOSOPHIE, TROCKEN AUSGEBAUTE SORTENWEINE HOHER QUALITÄT, SETZT SICH AUCH HEUTE IM GUT SATTLERHOF FORT.

Weingut Sattlerhof
Sernau 2
8462 Gamlitz
Tel. 0 34 53 / 25 56
Fax 0 34 53 / 57 36

Gesamtrebfläche
12 Hektar

Rieden
Pfarrweingarten, Sernauberg, Kranachberg

Böden
Tertiäre Sande und Schotter, teilweise mit Muschel- und Korallenkalk, lehmige Sande und Kalkmergel-Verwitterungsböden (Opok)

Sortenspiegel
90% Weißweine mit 27% Sauvignon Blanc, 22% Morillon (Chardonnay), 15% Klevner (Weißburgunder), 10 % Welschriesling, 21% sonstige Sorten wie Muskateller, Grauburgunder, Riesling und Grüner Sylvaner
10% Rotweine mit Blauburgunder und St. Laurent

Art des Weinausbaues
Steirische Klassik: frische, fruchtbetonte Weine, traditionell steirisch
Lagerweine: kräftige, vollmundige Weine von hoher Reife und gutem Lagerpotential vom "Pfarrweingarten" mit 18-monatigem Barrique-Ausbau, sowie von den Rieden "Kranachberg" und "Sernauberg" vergoren und gereift in kleinen und großen Eichenfässern

Besonderheiten
Junker, Steirische Klassik und "Pfarrweingarten", "Sernauberg", "Kranachberg"

Sonstige Angebote
sortenrein gebrannte Brände, Weinessig, Jahrgangssekt aus Chardonnay und Weißburgunder (Flaschengärung)

Auszeichungen
Auszeichnungen im In- und Ausland, z.B. "Winzer des Jahres" (Falstaff 1990), "Gourmet Trophee 91" (À la Carte), Wine Magazine, International Challenge 92 und 93, London: Silber- und Bronzemedaillen, Challenge International du Vin 93, Bordeaux: Silbermedaille, Chardonnay du Monde 95, Burgund: Silbermedaille, "Der Feinschmecker" 8/95: 4. Platz bei Internationaler Sauvignon Kost als bester österreichischer Wein, Salonsieger 1998 mit Sauvignon Blanc(Klassik)

Weinvermarktung
Ab-Hof-Verkauf, Versand, gehobene Gastronomie, Vinotheken, Großhandel; Verkauf bzw. Export nach Deutschland, Brüssel, Schweiz, USA

Zusätzliches
Hotel- und Haubenrestaurant, Altweine im Verkauf, Weingarten-, Betriebs- und Kellerführungen

Inhaber und Betriebsführer
Wilhelm Sattler

Unsere Weine stellen zahlreiche Landessieger und Salonsieger - das sagt alles!

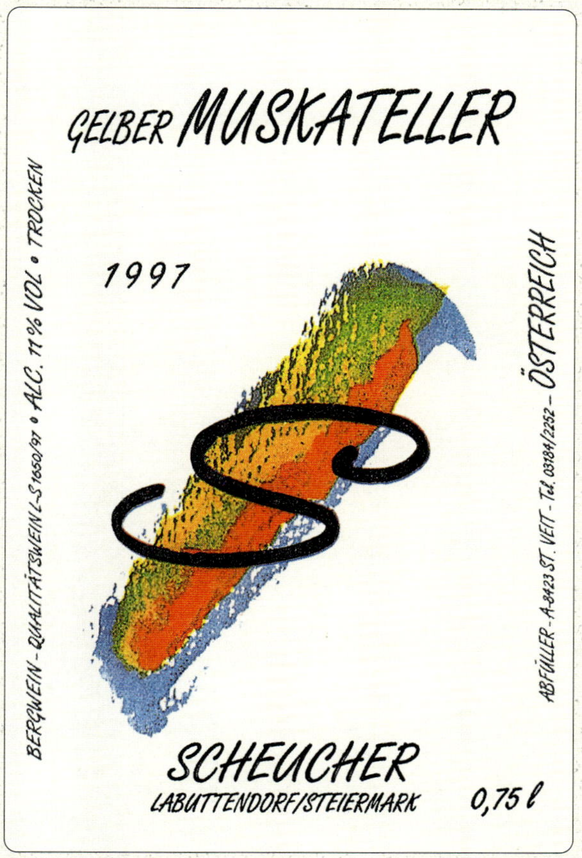

Gesamtrebfläche
8 Hektar

Rieden
Ried Pößnitzberg

Sortenspiegel
85% Weißwein mit den Sorten Welschriesling, Weißburgunder, Riesling, Müller-Thurgau, Sauvignon Blanc, Scheurebe,Traminer, Gelber Muskateller
15% Rotwein mit Blauem Zweigelt

Art des Weinausbaues
klassisch

Besonderheiten
flaschenvergorener Winzersekt

Sonstiges im Angebot
Trauben- und Apfelsaft

Auszeichnungen
oftmaliger Landessieger bei der Steirischen Landesweinbewertung, 1997 mit Riesling Salonsieger (Salon Österreichischer Weine) – es ist das erstemal, daß ein steirischer Riesling Österreichsieger wurde!

Weinvermarktung
Ab-Hof-Verkauf, gute Gastronomie

Zusätzliches
Buschenschank gegen Voranmeldung

Inhaber und Betriebsführer
Gottfried und Johanna Scheucher

Weingut Scheucher
Labuttendorf 20
8423 St.Veit am Vogau
Tel. / Fax 0 31 84 / 22 52

Bischöfliches Weingut Schloss Seggau

Schloss Seggau als kulturelles Zentrum der Südsteiermark mit seiner vielhundertjährigen Weinbautradition verpflichtet sich dem südsteirischen Wein in höchster Qualität und sieht in seinem Weinbau und seiner Kellereiwirtschaft einen bedeutsamen Beitrag zur Weinkultur als einen Ausdruck der menschlichen Lebensfreude.

Bischöfliches Weingut Schloss Seggau
Seggauberg 1
8430 Leibnitz
Tel. 0 34 52 / 82 4 35
Fax +10

Gesamtrebfläche
17 Hektar

Rieden
Hochkittenberg, Kogelberg, Unterkittenberg

Sortenspiegel
90% Weißweine mit den Sorten Welschriesling, Weißburgunder, Grauburgunder, Chardonnay/ Morillon, Traminer, Riesling, Grüner Sylvaner, Müller-Thurgau, Sauvignon Blanc, Muskat-Ottonel, Sämling 88, Gelber Muskateller
10% Rotweine mit den Sorten Blauer Zweigelt, Blaufränkisch, Blauer Wildbacher

Art des Weinausbaues
klassisch

Besonderheiten
Meßwein

Auszeichnungen
Oftmaliger Landessieger bei der steirischen Landesweinbewertung, im Salon Österreichischer Wein

Weinvermarktung
Ab-Hof-Verkauf

Zusätzliches
Schloßführungen, Führungen durch das Bauernmuseum, Fremdenzimmer (220 Betten), Weingarten-, Betriebs- und Kellerführungen (jahrhundertealter riesiger Faßweinkeller), kommentierte Verkostungen

Betriebsführer
Dietmar Silly *(Weinbau- und Kellermeister)*

Auf Hängen mit bis zu 70% Neigung gedeihen unsere Reben mit Weinen in geradlinig-fruchtig-steirischer Art.

Gesamtrebfläche
3,5 Hektar

Rieden
Ried Koregg, Ried Trebin

Sortenspiegel
100% Weißwein aus den Sorten Welschriesling, Weißburgunder, Grauburgunder, Morillon, Sauvignon Blanc

Art des Weinausbaues
klassisch

Besonderheiten
"Steirische Hoheit", "Steirische Leit'n"

Sonstiges im Angebot
Burgundersekt, Säfte

Auszeichnungen
Steirische Landesweinbewertung

Weinvermarktung
Ab-Hof-Verkauf, Gastronomie

Zusätzliches
Urlaub am Bauernhof, historischer Keller, kommentierte Verkostungen und Führungen im Weingarten, Betrieb und Keller

Betriebsführer
Weinbaumeister Johann Schwarz

Weingut Hans und Rosemarie Schwarz
Greith 35
8442 Kitzeck
Tel. 0 34 56 / 22 56 oder 30 64
Fax 0 34 56 / 22 56 - 3

Weingut - Urlaub am Weinbauernhof Schwarzl

Das Streben des Meisters ist höchstmögliche Qualität im Weingarten und Keller.

Gesamtrebfläche
3 Hektar

Rieden
Ottenberg, Burgstall

Sortenspiegel
90% Weißwein mit den Sorten Welschriesling, Weißburgunder, Chardonnay, Scheurebe, Gelber Muskateller, Sauvignon Blanc
10% Rotwein und Rosé mit den Sorten Blauer Zweigelt, Blauer Wildbacher (Schilcher)

Art des Weinausbaues
klassisch-steirisch

Besonderheiten
Junker, Ratscher Urbaniwein

Sonstiges im Angebot
Schilchersekt, Brände und Säfte

Weinvermarktung
Ab-Hof-Verkauf, Zulieferung, Zusendung
Verkauf und Export nach Deutschland und in die Schweiz

Zusätzliches
Gästezimmer, Kellerführung, sowie kommentierte Verkostungen

Inhaber und Betriebsführer
Johann und Charlotte Schwarzl
(ersterer ist Weinbau- und Kellermeister)

Weingut - Urlaub am Bauernhof Schwarzl
Ottenberg 32
8461 Ehrenhausen
Tel. / Fax 0 34 53 / 28 20

Klassisch-steirische Weine, strenge Kontrolle im Weingarten, neuzeitliche Kellertechnik.

Gesamtrebfläche
15 Hektar einschließlich Traubenzukauf

Sortenspiegel
70% Weißwein mit den Sorten Welschriesling, Weißburgunder, Chardonnay/Morillon, Müller-Thurgau, Sauvignon Blanc, Sämling 88, Gelber Muskateller, Gewürztraminer
30% Rotwein mit den Sorten Blauer Zweigelt, Blaufränkisch, Blauer Wildbacher

Art des Weinbausbaues
überwiegend klassisch, die Rotweine und zum Teil auch die weißen Burgunderweine international

Auszeichnungen
World Wine Champion 1995, Steirische Landesweinbewertung, Steirischer Weinoskar mit Welschriesling 1996 (Kleine Zeitung Wettbewerb)

Weinvermarktung
Ab-Hof-Verkauf, Gastronomie, Verkauf in verschiedene Länder der EU, Export in die Schweiz

Zusätzliches
Weingarten-, Betriebs- und Kellerführungen sowie kommentierte Verkostungen

Inhaber und Betriebsführer
Reinhold Schwarzl

Weingut Schwarzl
Arnfelserstraße 12
8463 Leutschach
Tel. / Fax 0 34 54 / 238
Mobil 0 66 4 / 35 86 436

Durch exakte Arbeit im Weingarten, schonende Traubenbehandlung und grosse Sorgfalt im Keller zu Spezialitäten.

Gesamtrebfläche
7,5 Hektar, davon 6,5 ha Eigenfläche und der Rest Traubenzukauf

Rieden
Rotriegl – besonders karger Sandboden

Sortenspiegel
90% Weißwein mit den Sorten Welschriesling, Weißburgunder, Müller-Thurgau, Morillon, Grauburgunder, Sauvignon Blanc, Gelber Muskateller, Sämling 88, Gewürztraminer
10% Rotwein und Rosé (Schilcher) aus den Sorten Blauer Zweigelt, Blauer Wildbacher, Schilcher

Art des Weinausbaues
klassisch-steirisch, fruchtig-trocken

Besonderheiten
im großen Weinjahr 1997 trockene Spätlesen ausgebaut; eine Burgunder-Cuvée aus Weißburgunder, Grauburgunder und Morillon

Sonstiges im Angebot
verschiedenste Brände und Säfte

Auszeichnungen
aufgenommen im Gault Millau

Weinvermarktung
Ab-Hof-Verkauf, Vinotheken, Gastronomie

Zusätzliches
Urlaub am Weinbauernhof, Buschenschank, Betriebs- und Kellerfühungen, kommentierte Verkostungen

Inhaber und Betriebsführer
Peter Skoff

Weingut Peter Skoff
Kranachberg 50
8462 Gamlitz
Tel. 0 34 54 / 61 04
Fax +4

Weingut Walter und Evelyn Skoff

Vom traubigen Welschriesling zur tiefen Frucht der Weissburgunder, Morillons und Sauvignons bis zum glockenklaren Muskateller.

Weingut Walter und Evelyn Skoff
Eckberg 16, 8462 Gamlitz
Tel. 0 34 53 / 42 43
Fax +17

Gesamtrebfläche
12 Hektar

Rieden
Eckberg, Wielitsch, Fötschach, Sulztal (auf den Etiketten werden die Rieden derzeit nicht geführt)

Sortenspiegel
92% Weißwein mit den Sorten Welschriesling, Weißburgunder, Morillon, Sauvignon Blanc, Gelber Muskateller, Sämling 88
8% Rotwein und Rosé (Schilcher) mit Blauem Zweigelt und Blauem Wildbacher

Art des Weinausbaues
80% klassisch-steirisch
20% international bei den Sorten Morillon und Sauvignon Blanc

Besonderheiten
Sauvignon Blanc Classique, Sauvignon Blanc Edition, Morillon Classique, Morillon Edition

Sonstiges im Angebot
zahlreiche Brände, Säfte, Muskatellersekt "Primissimo", Kernöl

Auszeichnungen
The World Wine Championships 1997 Chicago "Illinois" USA: Goldmedaille mit der Sorte Sauvignon Blanc Edition Jg. 96,
Bronzemedaille mit der Sorte Weißburgunder Kabinett Jg. 96
Salon Österreichischer Wein Auszeichnung 1997/98
Landessieger Steiermark 1996 mit der Sorte Sauvignon Blanc Edition Jg. 96
Sektverkostung VieVinum 1997 ****-Auszeichnung mit Primissimo Brut 96
Landessieger 1996 mit dem Sekt Primissimo Brut Jg. 95
Salon Österreichischer Wein Auszeichnung 1996/97
À la Cart Grand Cru 1996

Weinvermarktung
Ab-Hof-Verkauf und im Buschenschank, Zulieferung und Zusendung

Zusätzliches
Gästezimmer, Buschenschank, "Schaubrennerei", Schaugewölbekeller, Führungen, kommentierte Verkostungen

Inhaber
Walter und Evelyn Skoff

Betriebsführer
Walter Skoff

QUALITÄT IST UNSERE ÜBERZEUGUNG.

Weingut Buschenschank Söll
Steinbach 63a
8462 Gamlitz
Tel. 0 34 54 / 66 67
Fax +77

Gesamtrebfläche
7 Hektar Eigenfläche und 3 Hektar Pachtfläche

Rieden
Lage Steinbach, Lage Steinbach-Felsen, Lage Sernauberg

Sortenspiegel
90% Weißweine mit den Sorten Welschriesling, Weißburgunder, Morillon, Sauvignon Blanc, Gelber Muskateller, Riesling, Müller-Thurgau, Scheurebe (Sämling 88), Traminer
10% Rotwein aus Blauem Zweigelt

Art des Weinausbaues
überwiegend klassisch-steirisch, international bei den Sorten Morillon, Sauvignon Blanc, Weißburgunder und Blauer Zweigelt

Besonderheiten
Altsteirischer Mischsatz aus der Lage Steinbach seit 1953, Junker, Steirische Leit'n, Strohwein 1993 (Blauer Zweigelt), Eiswein 1995 (Roter Traminer), Beerenauslese 1996 (Scheurebe), Trockenbeerenauslese und Eiswein 1997 (Riesling und Roter Traminer)

Sonstiges im Angebot
zahlreiche Brände, Liköre, Säfte

Weinvermarktung
90% Ab-Hof-Verkauf und Buschenschank,
10% Vinotheken und Gastronomie
Verkauf auch nach Deutschland

Zusätzliches
Urlaub am Weinbauernhof, Buschenschank, 170 Jahre alter Gewölbekeller, Weingarten- und Betriebs- und Kellerführung sowie kommentierte Verkostungen

Inhaber und Betriebsführer
Johannes und Maria Söll

Die Kontake zu unseren Kunden entstehen über Urlaub am Bauernhof und Buschenschank

Gesamtrebfläche
7,5 Hektar

Rieden
Stani, Adler

Sortenspiegel
90 % Weißwein mit den Sorten Welschriesling, Weißburgunder, Müller-Thurgau, Gelber Muskateller, Morillon, Riesling, Sauvignon Blanc, Sämling 88, Traminer
6 % Rotwein – Blauer Zweigelt
4 % Rosé – Schilcher

Art des Weinausbaues
klassisch-steirisch

Sonstiges im Angebot
Steirische Leit'n, verschiedene Brände und Säfte sowie Nektar

Auszeichnungen
Steirische Landesweinbewertung

Weinvermarktung
60% Ab-Hof-Verkauf mit dem Buschenschank, Versand
40% Gastronomie

Zusätzliches
Buschenschank, Gästezimmer, Führungen, kommentierte Verkostungen

Inhaber und Betriebsführer
Juliane und Josef Nekrep

Weinhof Stani Gustl
Eckberg 72
8462 Gamlitz
Tel. 0 34 53 / 22 48
Fax 0 34 53 / 57 48

Ein typischer Familienbetrieb mit einem kleinen Buschenschank

Gesamtrebfläche
12 Hektar

Rieden
Graßnitzberg, Hochgraßnitzberg, Sulztal

Sortenspiegel
80% Weißwein mit den Sorten Welschriesling, Weißburgunder, Grauburgunder, Gelber Muskateller, Morillon, Sauvignon Blanc, Traminer
15% Rotwein mit Blauem Zweigelt
5% Blauer Wildbacher (Schilcher)

Art des Weinausbaues
90% klassisch
10% international bei den Sorten Grauburgunder, Morillon

Sonstiges im Angebot
Junger Steirer

Auszeichnungen
Steirische Landesweinbewertung, mehrmals im Salon Österreichischer Wein

Weinvermarktung
Ab-Hof-Verkauf und im Buschenschank, Gastronomie

Zusätzliches
Buschenschank, Führungen, kommentierte Verkostungen

Inhaber und Betriebsführer
Robert und Gabriele Strablegg

Weingut Strablegg
Graßnitzberg 58
8471 Spielfeld
Tel. / Fax 0 34 53 / 26 05

NICHT NACHAHMEN, SONDERN IN REICHWEITE LIEGENDES NÜTZEN, UMSETZEN UND BESTEHEN BLEIBEN.

Gesamtrebfläche
12 Hektar

Rieden
Kaiseregg – ehemals herrschaftliches Weingut zu Arnfels

Sortenspiegel
90% Weißwein mit den Sorten Welschriesling, Weißburgunder, Grauburgunder, Morillon, Gelber Muskateller, Sauvignon Blanc
10% Rotwein mit Blauem Wildbacher

Art des Weinbausbaues
sowohl klassisch als auch international

Sonstiges im Angebot
Blauer Wildbacher - rot, Muskatellersekt, Schilcherfrizzante, Säfte

Auszeichnungen
mehrmals Sieger im Salon Österreichischer Wein, À la Carte, Kleine Zeitung Sortensieger, Finalist mit Sauvignon Blanc (Aperitif) und Riesling bei der Landesweinbewertung 1989

Weinvermarktung
Ab-Hof-Verkauf und im Buschenschank, Versand
Verkauf auch in den EU-Raum

Zusätzliches
Urlaub am Weinbauernhof, Buschenschank, Mitglied der "Steirischen Idylle", kommentierte Verkostungen

Inhaber und Betriebsführer
Franz und Erika Strablegg

Panoramaweinhof Strablegg-Leitner
Eichberg-Trautenburg 54
8454 Arnfels
Tel. / Fax 0 34 55 / 429

Im Weingarten und Keller wird die Charakteristik jedes Jahrganges vollendet.

Gesamtrebfläche
17,5 Hektar, davon 7,5 ha Eigenfläche und 10 ha Traubenzukauf

Rieden
Steinbach, Gamlitzberg

Sortenspiegel
70% Weißweine mit den Sorten Welschriesling, Weißburgunder, Gelber Muskateller, Sauvignon Blanc, Chardonnay, Müller-Thurgau, Ruländer, Gewürztraminer, Sämling 88
30% Rotwein mit den Sorten Blauer Zweigelt, St. Laurent, Blauer Portugieser

Art des Weinausbaues
klassisch-steirisch

Besonderheiten
Sekt von Welschriesling und von Chardonnay

Sonstiges im Angebot
verschiedene Brände und Säfte

Auszeichnungen
Steirische Landesweinbewertung,
Laibacher Weinmesse

Weinvermarktung
Ab-Hof-Verkauf, Wiederverkäufer, Gastronomie
Verkauf auch in die EU-Länder, vorwiegend nach Deutschland

Zusätzliches
Führungen im Weingarten und Keller,
kommentierte Verkostungen

Inhaber
Karl Strauß

Betriebsführer
Karl Strauß, Karl Strauß jun. und Gustav Strauß

Weinbau-Weinkellerei Karl Strauss vlg. Schopper
Steinbach 16
8462 Gamlitz
Tel. 0 34 53 / 34 34
Fax +4

Unsere intensiven Qualitätsbemühungen ergaben mehrmals Landessieger.

Gesamtrebfläche
5 Hektar

Rieden
Hohenegg

Sortenspiegel
60% Weißwein mit den Sorten Welschriesling, Ruländer, Weißburgunder, Sauvignon Blanc, Traminer
40% Rotwein mit Blaufränkisch und Cabernet Sauvignon

Art des Weinausbaues
beide Stilrichtungen, international bei den Sorten Weißburgunder, Grauburgunder, Cabernet Sauvignon

Besonderheiten
jährlich hohe Prädikate

Sonstiges im Angebot
25 verschiedene Brände, Säfte

Auszeichnungen
Steirische Landesweinbewertung 1996 Sieger mit Trockenbeerenauslese 95 und 1997 mit Ruländer Kabinett 96

Weinvermarktung
80% Ab-Hof-Verkauf
20% Wiederverkäufer

Zusätzliches
Urlaub am Weinbauernhof, historischer Keller, Führungen, kommentierte Verkostungen

Inhaber
Alice und Roland Tauß

Betriebsführer
Roland Tauß

Weingut Tauss
Schloßberg 80
8463 Leutschach
Tel. / Fax 0 34 54 / 67 15

Oft ist es sinnvoll, auf Grösse zu verzichten, vor allem wenn es die Natur nicht will, und dafür den Wein trinkbarer zu machen.

Gesamtrebfläche
17 Hektar (weitere Flächen sind geplant)

Rieden
Zieregg, Graßnitzberg, Wielitsch, Sulz, Steinbach, Sernau, Ottenberg

Sortenspiegel
90% Weißwein mit den Sorten Welschriesling, Weißburgunder, Grauburgunder, Chardonnay/ Morillon, Sauvignon Blanc, Traminer
10% Rotwein mit den Sorten Blauer Zweigelt, Cabernet Sauvignon

Art des Weinausbaues
klassisch-steirisch, international bei Morillon, Sauvignon Blanc, Rotwein

Besonderheiten
"Steirische Klassik". Gemeinsam mit F. X. Pichler und Tibor Szemes kreiert: "Arachon Passion" – Rotwein Cuvée aus den Sorten Blaufränkisch, Blauer Zweigelt, Merlot

Sonstiges im Angebot
verschiedene Brände

Auszeichnungen
Manfred Tement zählt zu den 100 Top-Winzern der Welt. Viele nationale und internationale Spitzenbewertungen

Weinvermarktung
40% privat – Ab-Hof-Verkauf
60% Gastronomie, Handel, Vinotheken

Zusätzliches
kommentierte Verkostungen

Inhaber und Betriebsführer
Manfred Tement

Weingut Manfred Tement
Zieregg 13
8461 Ehrenhausen
Tel. 0 34 53 / 41 01
Fax +30

AUF 45 HEKTAR KULTIVIERT DIE FAMILIE TSCHEPPE IN DER 6. GENERATION 14 REBSORTEN. DIESER VIELFALT SOLL ALS SPEZIALITÄT DES GEBIETES RECHNUNG GETRAGEN WERDEN. EIN PIONIER UND WEGBEREITER FÜR DEN STEIRISCHEN WEIN IN DIE HEIMISCHE GASTRONOMIE.

Gesamtrebfläche
45 Hektar, davon 25 ha Eigen- und 20 ha Pachtflächen

Rieden
Pößnitzberger Römerstein, Czamillonberg,
Weingüter der Grafen Woracziczki

Sortenspiegel
75% Weißwein mit den Sorten Welschriesling, Weißburgunder, Grauburgunder, Morillon/Chardonnay, Gelber Muskateller, Grüner Sylvaner, Müller-Thurgau, Sauvignon Blanc, Riesling, Traminer
5% Rotwein mit Blauem Zweigelt, St. Laurent
20% Blauer Wildbacher als Rosé-Schilcher

Art des Weinausbaues
überwiegend klassisch-steirisch, in besonderen Jahren wie 1992 und 1997 auch international bei den Sorten Chardonnay, Sauvignon Blanc, Pinot Gris, Traminer

Auszeichnungen
Steirische Landesweinbewertung,
Salon Österreichischer Wein

Weinvermarktung
5% Ab-Hof-Verkauf
80% Gastronomie Steiermark
10% Gastronomie übriges Österreich
5% Export bzw. Verkauf nach Asien, Großbritannien, in die Schweiz und nach Deutschland

Zusätzliches
Führungen, kommentierte Verkostungen,
Altweine im Verkauf

Inhaber und Betriebsführer
Dipl.Ing. Roland Tscheppe

Weingut Eduard Tscheppe
Pößnitz 168
8463 Leutschach
Tel.: 0 34 54 / 205 oder 0 31 6 / 29 35 00
Fax: 0 31 6 / 29 35 00-77

Alljährlich ganz vorne mit dabei zu sein ist ein Motto unseres Betriebes.

Gesamtrebfläche
11 Hektar

Sortenspiegel
85% Weißwein mit den Sorten Welschriesling, Weißburgunder, Grauburgunder, Müller-Thurgau, Sämling 88, Traminer, Gelber Muskateller, Sauvignon Blanc, Morillon/Chardonnay
15% Rotwein mit den Sorten Blauer Zweigelt, Cabernet Sauvignon

Art des Weinausbaues
klassisch-steirisch und international

Sonstiges im Angebot
"Glanzer Brut" – Muskatellersekt, verschiedene Brände, Säfte

Auszeichnungen
mit Morillon 97 Landessieger, mehrere Finalplätze

Weinvermarktung
Ab-Hof-Verkauf und im Buschenschank, Zusendung

Zusätzliches
Urlaub am Weinbauernhof, Buschenschank, Führungen und kommentierte Verkostungen

Inhaber und Betriebsführer
Fam. Tschermonegg

Weingut Tschermonegg
Glanz 50
8463 Leutschach
Tel. 0 34 54 / 326
Fax +50

ICH BIN WEINBAUER MIT LEIB UND SEELE, SAGT DER MIT 20 JAHREN DERZEIT JÜNGSTE BETRIEBSFÜHRENDE WEINBAUER DER SÜDSTEIERMARK.

Gesamtrebfläche
4 Hektar

Rieden
Stermetz, Rothüttl

Sortenspiegel
80% Weißwein mit den Sorten Welschriesling, Weißburgunder, RieslingxSylvaner, Chardonnay, Muskateller, Sämling 88
20% Rot- und Roséweine aus Blauem Zweigelt

Art des Weinausbaues
überwiegend klassisch, Blauer Zweigelt international

Weinvermarktung
80% Ab-Hof-Verkauf
20% Gastronomie

Zusätzliches
Buschenschank, Kellerführungen, Verkostungen

Betriebsführer
Franz Uhl

Weingut Uhl
8461 Ratsch an der Weinstraße 13
Tel. 0 34 53 / 60 44

WAS DIE NATUR VORGEGEBEN HAT, BRAUCHT DER MENSCH NUR MEHR ZU VEREDELN.

Weingut Wohlmut
Fresing 24
8441 Kitzeck
Tel. 0 34 56 / 23 03
Fax 0 34 56 / 21 21

Gesamtrebfläche
20 Hektar, davon ca. 10 ha Traubenzukauf
Extrem steile Lagen in Süd- bis Südostexposition, Urgesteinböden mit Kalkeinschlüssen

Sortenspiegel
80% Weißwein mit den Sorten Welschriesling, RieslingxSylvaner, Riesling, Pinot Blanc, Chardonnay, Pinot Gris, Sauvignon Blanc, Gelber Muskateller, Traminer
15% Rotwein mit den Sorten Blauer Zweigelt, Blaufränkisch, Cabernet Sauvignon
5% Rosé mit Blauem Wildbacher (Schilcher)

Art des Weinausbaues
beide Stilrichtungen, international u.a. bei Chardonnay, Cabernet Sauvignon, Blaufränkisch

Besonderheiten
"Summus" – der Beste, Zusatzbezeichnung für Spitzenqualitäten des jeweiligen Jahrganges;
für 1997: Rheinriesling Summus 1997, Pinot Blanc Summus 1997, Chardonnay Summus 1997, Pinot Gris Summus 1997, Sauvignon Blanc Summus 1997,
Traminer Summus 1997, Muskateller Summus 1997
"Elitär" - Weine im Auslesebereich, lang haltbar und lagerfähig
Jahrgangssekt: Chardonnay Brut
Haussekt: Aphrodite Brut
Schilchersekt Brut

Sonstiges im Angebot
Reinsortige Traubenbrände

Auszeichnungen
World Wine Championship in Chicago,
Wine Challenger in London, Decanter u.a.m.

Weinvermarktung
Ab-Hof-Verkauf, Wiederverkäufer
Verkauf bzw. Export nach USA, Großbritannien, Deutschland, Schweden, Belgien

Zusätzliches
Weingut seit 1803 in Familienbesitz, Vinothek mit Altweinen im Verkauf, Führungen und kommentierte Verkostungen, jährlich neue Künstleretiketten

Inhaber und Betriebsführer
Gerhard und Maria Wohlmuth

Weitere empfehlenswerte Betriebe

Südsteiermark

Weinhof Familie Adam
Kranach 78, 8463 Leutschach
Tel. und Fax: 03454/6115, Mobil 0664/3816825
Inhaber und Betriebsführer: Franz Adam

Weingut Karl und Anna Bauer
Kranachberg 22, 8462 Gamlitz
Tel. und Fax: 03454/444
Betriebsführer: Karl Bauer

Weingut Dreisiebner und Muster
Grubtal 14, 8462 Gamlitz
Tel.: 03453/2300, Fax: 03453/2300-4
Inhaber und Betriebsführer:
Otto Dreisiebner, Josef Muster

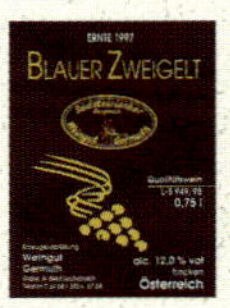

Weingut Germuth
Glanz 34, 8463 Leutschach
Tel. und Fax: 03454/6734
Inhaber: Herbert und Theresia Germuth
Betriebsführer: Herbert Germuth

Weingut Gerngroß
Hochbrudersegg 11, 8441 Fresing-Sausal
Tel.: 03456/2922, Fax: 03456/3922
Inhaber und Betriebsführer: Reinhold Schwarzl

Weinbau Hernach
Pößnitz 84, 8463 Leutschach
Tel. und Fax: 03454/6178
Inhaber und Betriebsführer: Familie Hernach

Weingut Hirschmugl
Rettenberg 97, 8444 St. Andrä i.S.
Tel.: 03456/2684, Fax: 03456/2654
Inhaber und Betriebsführer: Franz Hirschmugl

Jöbstl Johann
Badendorf 9, 8113 St.Georgen a.d.Stfg.
Tel.: 03183/409
Inhaber und Betriebstführer: Johann Jöbstl

Weingut Rudolf Muster
Pößnitz 46, 8463 Leutschach
Tel. und Fax: 03454/255
Inhaber: Rudolf und Theresia Muster
Betriebsführer: Rudolf Muster

Weingut Neubauer
8471 Spielfeld 51
Tel. und Fax: 03453/2651
Inhaber und Betriebsführer: Walter Neubauer

Weingut Familie Pilch
Ottenberg 34, 8461 Ehrenhausen
Tel.: 03453/2582, Fax: 03453/2582-4
Inhaber und Betriebsführer:
Anton und Rosa Pilch

Weinbau Polz-Kiefer
Graßnitzberg 59, 8471 Spielfeld
Tel. und Fax: 03453/4650
Betriebsführer: Armin Polz

Weitere empfehlenswerte Betriebe

Weingut Familie Pongratz
Labitschberg 30a, 8462 Gamlitz
Tel. und Fax: 03456/3211
Inhaber: Franz und Hermine Pongratz
Betriebsführer: Franz Pongratz

Weingut Prünte
Graßnitzberg 14, 8471 Spielfeld
Tel. und Fax: 03453/4936
Inhaber und Betriebsführer: Klaus Prünte

Weingut Rothschädl
Eichberg-Trautenburg 20, 8463 Leutschach
Tel. und Fax: 03454/6363
Inhaber und Betriebsführer: Anton Rothschädl

Weingut Franz und Monika Schnabl
Sernau 6, 8462 Gamlitz
Tel. und Fax: 03453/3010
Inhaber und Betriebsführer:
Franz und Monika Schnabl

Weingut Johann Skringer
8453 Eichberg-Trautenburg 28
Tel. und Fax: 03456/2666
Inhaber: Johann und Anneliese Skringer
Betriebsführer: Johann Skringer

Weinbau und Buschenschank Steiner
Labitschberg 46, 8462 Gamlitz
Tel.: 03453/4054
Inhaber und Betriebsführer: Familie Steiner

Urlaub am Weinbauernhof Strablegg
Narrath 10, 8452 Großklein
Tel. und Fax: 03456/2326
Inhaber und Betriebsführer:
Anton und Eva Strablegg

Weingut – Buschenschank Tinnauer
Labitschberg 42, 8462 Gamlitz
Tel.: 03453/2391
Inhaber und Betriebsführer:
Johann Tinnauer

Gamlitzer Wein- und Blumenhof Trabos
Kranach 30, 8462 Gamlitz
Tel. und Fax: 03454/430
Inhaber: Josef und Gerti Trabos
Betriebsführer: Josef Trabos

Weingut Hannes Zweytick
Ratsch 58, 8461 Ehrenhausen
Tel.: 03453/2364
Inhaber: Hannes Zweytick

Weststeiermark

Wein- und Obstbau Friedrich

Wir erzeugen sehr fruchtige und dennoch vollmundige Schilcher, sagt zurecht ein mehrmaliger Landessieger.

Gesamtrebfläche
1,3 Hektar

Sortenspiegel
100% Schilcher (Blauer Wildbacher)

Art des Weinausbaues
klassisch

Besonderheiten
Schilcher "Edition", Schilcher "Klassik"

Sonstiges im Angebot
Brände und Säfte

Auszeichnungen
Steirische Landesweinbewertung – Landessieger 1996 und 1997, Salon Österreichischer Wein

Weinvermarktung
70% Ab Hof-Verkauf
30% Vinotheken und Gastronomie

Zusätzliches
Mitglied beim Schilcherschutzverein "Weißes Pferd"

Inhaber und Betriebsführer
Christian Friedrich *(Weinbau- und Kellermeister)*

Wein- und Obstbau Friedrich
Langegg 18
8511 Greisdorf
Tel. / Fax 0 34 63 / 81 252

Schilcher - Edelbrände - Natursäfte Fam. Jöbstl

Wir machen aus unserer Schilchertraube eine möglichst grosse Produktpalette.

Schilcher-Edelbrände-Natursäfte
Familie Jöbstl
8551 Wies
Wernersdorf 41
Tel. 0 34 66 / 42 379
Fax 0 34 66 / 42 058

Gesamtfläche
5 Hektar

Rieden
Krass, Stari, "Alter Weingarten"

Sortenspiegel
90% Schilcher
5% Schilcher Rotwein – Blauer Wildbacher
5% Sauvignon Blanc

Art des Weinausbaues
klassisch: Schilcher, Sauvignon Blanc
international: Blauer Wildbacher

Besondere Weine
Schilcher Eiswein 1995 und 1997
Blauer Wildbacher
"Schilcher Mistella" (Komposition aus Schilcherweinbrand mit Schilchertraubensaft)

Sonstiges im Angebot
Schilcherbrände, Schilchertraubensaft, Schilcheressig, Birnen- und Holunderblütenfrizzante

Auszeichnungen
Steir. Landessieger mit Blauem Wildbacher, Gault Millau, Salon Österr. Wein, bei der Destillata meistausgezeichneter Betrieb der Steiermark, 1998 Sauvignon-Sieger im "Kleine Zeitung"-Wettbewerb

Zusätzliches
sehr sehenswertes Schnapsbrennermuseum, Betriebs- und Kellerführungen sowie kommentierte Verkostungen, Mitglied beim Schilcherschutzverein

Betriebsführer
Ing. Johannes Jöbstl

DURCH BESTE LAGEN ZU EBENSOLCHER QUALITÄT.

Gesamtfläche
4 Hektar

Rieden
Steinreib, Hochgrail

Sortenspiegel
75% Schilcher
23% Weißwein mit den Sorten Welschriesling, Gelber Muskateller, Chardonnay/Morillon, Müller Thurgau
2% Rotwein, Blauer Wildbacher

Art des Weinausbaues
klassischer steirischer Ausbau

Auszeichnungen
Steirische Landesweinbewertung (im Finale mit Schilcher und Morillon)

Weinvermarktung
Buschenschank, Ab-Hof-Verkauf, Zulieferung und Zusendung, Gastronomie
Verkauf auch nach Deutschland

Zusätzliches
Urlaub am Weinbauernhof, Kellerführung und kommentierte Verkostung

Inhaber und Betriebsführer
Weinbau- und Kellermeister Fritz Klug

Weinbau Familie Klug vlg. Voitl
Steinreib 14
8511 Greisdorf
Tel. / Fax 0 34 63 / 64 64

Eine Vielfalt an Weinen aus der Sorte Wildbacher.

Gesamtrebfläche
5,6 Hektar

Rieden
Feldbaum, Streli, Schoberberg, Wildbach

Sortenspiegel
92% Rosé – Schilcher
5% Rotwein mit Blauem Wildbacher und Blauem Zweigelt
3% Weißwein mit Weißburgunder

Art des Weinausbaues
klassisch: Schilcher
international: Blauer Zweigelt, Blauer Wildbacher

Besonderheiten
"Granat"– Blauer Wildbacher als Rotwein
"Brillant"– Schilcher weißgepreßt
"Insieme"– Schilchersekt (Flaschengärung)

Sonstiges im Angebot
verschiedene Brände und Säfte

Auszeichnungen
Steirische Landesweinbewertung, Salon Österreichischer Wein, u.v.a.

Weinvermarktung
Ab-Hof-Verkauf, Wiederverkäufer, Gastronomie Verkauf und Export nach Deutschland und in die Schweiz

Zusätzliches
historischer Keller, Altweine im Verkauf, Führungen, kommentierte Verkostungen

Inhaber
Familie Koller

Betriebsführer
Johann Koller

Schilchergut Koller
Feldbaum 35
8524 Bad Gams
Tel. / Fax 0 34 62 / 29 23
Internet: http://www.pool.telecom.at/pool/schilcher/kontakt.html

ENTSCHEIDEND FÜR DIE QUALITÄT UND ART UNSERER WEINE SIND ERFAHRUNG, ENGAGEMENT UND INNOVATIONSFREUDIGKEIT.

Gesamtrebfläche
4 Hektar

Sortenspiegel
50% Rosé (Schilcher) und Rotwein aus den Sorten Blauer Wildbacher, Blauer Zweigelt und Blauburger
50% Weißweine mit den Sorten Weißburgunder, Chardonnay, Sauvignon Blanc

Art des Weinausbaues
klassisch-steirisch und international

Besonderheiten
Blauer Wildbacher, "Insieme"-Schilchersekt, "Mistella" von Schilcher

Sonstiges im Angebot
verschiedene Brände, Säfte und Essig

Weinvermarktung
50% Ab Hof-Verkauf
50% Vinotheken, Gastronomie

Zusätzliches
Mitglied beim Schilcherschutzverein "Weißes Pferd", Führungen und kommentierte Verkostungen

Inhaber und Betriebsführer
Ing. Erich Kuntner

Weinbau Kuntner
Obergreith 48
8544 St. Ulrich im Greith
Tel. | Fax 0 34 65 / 33 83

SCHILCHER IST NICHT GLEICH SCHILCHER!

Gesamtrebfläche
15 Hektar, davon 12 ha Eigenfläche und 3 ha Traubenzukauf

Rieden
Hochgrail, Langegg, Greisdorf

Sortenspiegel
90% Schilcher (Blauer Wildbacher)
7% Weißwein mit den Sorten Welschriesling, Müller-Thurgau, Weißburgunder, Sämling 88, Morillon
3% Rotwein Blauer Zweigelt, Blauer Wildbacher

Art des Weinausbaues
klassisch

Besonderheiten
Schilcher mit der Schutzmarke "Weißes Pferd"

Sonstiges im Angebot
Schilchersekt, Schilcherfrizzante, Brände und Säfte

Auszeichnungen
mit Schilchersekt mehrmals im Salon Österreichischer Wein, Sieger bei der Steirischen Landesweinbewertung 1998, Destillata

Weinvermarktung
Ab Hof-Verkauf und im Buschenschank, Gastronomie, Wiederverkäufer
Verkauf auch nach Deutschland.

Zusätzliches
seit 1793 genannt, Mitglied beim Schilcherschutzverein "Weißes Pferd", Buschenschank, kommentierte Verkostungen

Inhaber und Betriebsführer
Stefan Langmann

Weingut Langmann
Langegg 23
8511 Greisdorf
Tel. 0 34 63 / 61 00
Fax 0 34 63 / 56 11

STEIRISCHER WEINKÖNIGIN- UND STEIRISCHER LANDESSIEGERBETRIEB

Gesamtrebfläche
8,66 Hektar

Rieden
Hochgrail, Langegg

Sortenspiegel
92% Schilcher
5% Weißwein mit den Sorten Welschriesling, Weißburgunder, Müller-Thurgau, Sämling 88
3% Rotwein Blauer Wildbacher und Blauer Zweigelt

Art des Weinausbaues
klassisch

Sonstiges im Angebot
Weißgepreßter Schilcher, Schilchersekt, Schilcher-frizzante, verschiedene Brände und Säfte

Auszeichnungen
Steirischer Landes- und Sortensieger, oftmals in Salon Österreichischer Weine, mehrmals Sieger im Kleine Zeitung Weinwettbewerb,
der erste "Stainzer Litereratur Schilcher"

Weinvermarktung
Buschenschank, Ab-Hof-Verkauf, Versand per Spedition, Teilnahme an Weinfesten, Messen etc.
Verkauf auch nach Deutschland

Zusätzliches
Kellerführungen, kommentierte Verkostungen, Mitglied im Schilcherschutzverein "Weißes Pferd"

Inhaber und Betriebsführer
Josef und Magdalena Lazarus

Weingut Familie Lazarus
Langegg 20
8511 Greisdorf
Tel. 0 34 63 / 62 00
Fax +4

Domäne Müller Gutsverwaltung

Die Harmonie der Familie, die Gemeinsamkeit der Menschen und die sorgsame Pflege der Natur formen die Weine der Domäne Müller!

Domäne Müller Gutsverwaltung
Petzelsdorf 63
8522 Groß St. Florian
Tel. 0 34 64 / 21 55
Fax 0 34 64 / 21 16 25

Gesamtrebfläche 44,8 Hektar, davon 20,8 ha eigene Rebfläche und 24 ha Pachtfläche bzw. Zukauf

Rieden Burgegg – ehem. Prinz Liechtenstein'sches Weingut in Deutschlandsberg/Weststmk. Das Fürstenstück ist das "Herzstück", die beste Lage der Ried Burgegg – Urgesteins-Verwitterungsboden. Deutsche Weingärten – Wielitsch, Südsteiermark, Unteranzried – Ratsch, beide im Gut am Ottenberg, Ehrenhausen in reiner Südlage. Erstere Riede weist reine Sandböden auf, letztere ist ein Kessel mit einem Boden aus Mergel-, Graphit- und Schiefergemisch.

Sortenspiegel Weststeiermark 59% Schilcher, 15% Welschriesling, 11% Blauer Zweigelt, 9% Ruländer, 6% Traminer

Sortenspiegel Südsteiermark 25% Chardonnay, 15% Blauer Zweigelt, 18% Sauvignon Blanc, 14% Weißburgunder, 21% Welschriesling, 7% Cabernet Sauvignon, Merlot und Cabernet Franc

Arten des Weinausbaues Klassisch, in Stahltanks Welschriesling, Weißburgunder, Schilcher, Sauvignon Blanc International, barriquevergoren und ausgebaut Pinot Gris, Cabernet Sauvignon, Blauer Zweigelt etc.

Besondere Weine Herausragende Jahrgänge und auch dadurch besondere Qualitäten werden mit dem Artikel vor der Rebsorte auf die Etikette gedruckt – z.B. 1997 "Der Sauvignon Blanc – Domäne Müller". Der Schilcher von der besten Lage der Ried Burgegg – dem Fürstenstück – wird als "Seelenfreund" bezeichnet. Dieser "Seelenfreund" wurde von einer Künstlerin der Atterseegruppe in Öl gemalt und ziert die Etiketten dieses Schilchers.

Auszeichnungen z.B. Bronze für 1969 Traminer Beerenauslese und 1993 Der Pinot Gris beim International Wine und Spirit Competition 1997 in London.

Weinvermarktung durch den Fachgroßhandel in ganz Österreich, Feinkostgeschäfte, Gastronomie
Export in viele europäische Länder, von Deutschland über die Schweiz, Dänemark bis Estland und Rußland

Pressezitat "Steirischer Wein ist nicht nur der Sonne, sondern offenbar auch der EU am nächsten! Zwei der vier beim EU-Außenministergipfel im Herbst 1996 in Dublin (Irland) servierten Spitzenweine kommen nämlich aus der Grünen Mark. Der Pinot Gris Kabinett 1993 und der Cabernet Sauvignon 1994 – beide Weine aus dem Keller der Domäne Müller Gutsverwaltung in Groß St. Florian."

Betriebsführer
Günter J. und Eva Müller

UNSER ZIEL IST ES, AUCH IN WENIGER GUTEN JAHREN HÖCHSTE QUALITÄT ZU ERZEUGEN.

Gesamtrebfläche
2 Hektar

Rieden
Brunnleiten

Sortenspiegel
95% Blauer Wildbacher, Schilcher
5% Weißwein, Welschriesling

Art des Weinausbaues
klassisch

Besonderheiten
"Weißes Pferd"

Sonstiges im Angebot
Schilchersekt, verschiedene Brände und Säfte

Auszeichnungen
Steirische Landesweinbewertung, mehrmals im Salon Österreichischer Wein

Weinvermarktung
75% Ab-Hof-Verkauf
25% Gastronomie
Verkauf auch nach Süddeutschland

Zusätzliches
Buschenschank, Ferienwohnung, Mitglied beim Schilcherschutzverein "Weißes Pferd", Kellerführungen – Keller aus dem Jahre 1842, kommentierte Verkostungen

Inhaber und Betriebsführer
Ing. Josef Müller

Weinbau Müller vlg. Krasshoisl
Kraß 80
8551 Wies
Tel. / Fax 0 34 65 / 39 10

Weinbau aus Tradition, Qualität aus Überzeugung.

Gesamtrebfläche
44 Hektar

Rieden
Ried Lamberg, Ried Engelweingarten

Sortenspiegel
70% Schilcher
30% Weißwein mit den Sorten Chardonnay und Sauvignon Blanc

Art des Weinausbaues
klassisch-steirisch

Besonderheiten
Schilcher Sekt, Schilcher Frizzante, Sauvignon Blanc, Chardonnay

Weinvermarktung
Ab-Hof-Verkauf, Gastronomie, Großhandel

Zusätzliches
Fremdenzimmer, Weinlager, Führungen und Verkostungen

Inhaber und Betriebsführer
Christian Reiterer

Weingut Reiterer
Lamberg 2
8551 Wies
Tel. 0 34 65 / 39 50
Fax +6

Eigenständige, von der Typizität der Blauen Wildbachertraube getragene Produkte zu erzeugen - und zu echten Spezialitäten auszubauen.

Gesamtrebfläche
5 Hektar

Rieden
Mitteregg, Lestein

Sortenspiegel
75% Schilcher
20% Weißwein überwiegend mit den Sorten Morillon und Sauvignon Blanc
5% Rotwein – Blauer Wildbacher

Art des Weinausbaues
klassisch

Besonderheiten
"Lestoá" – Top-Schilcher des Betriebes

Sonstige Angebote
Schilcher-Sekt, Schilcherbrände

Art der Vermarktung
60% Ab-Hof-Verkauf
40% Handel und Gastronomie
Verkauf auch nach Deutschland

Zusätzliches
Verkostungen

Besitzer
Hubert und Hildegard Strohmeier

Weinbau Strohmeier
Lestein 48
8511 St. Stefan ob Stainz
Tel. / Fax 0 34 63 / 81 855

UNSER MOTTO:
FREMDENVERKEHR UND SCHILCHER

Gesamtrebfläche
1,5 Hektar

Rieden
Haiden, Guntschenberg

Sortenspiegel
100% Blauer Wildbacher

Art des Weinausbaues
klassisch-steirisch und international

Besonderheiten
Schilcher Kabinett, Schilcher "Classic",
Schilcher Barrique

Zusätzliche Angebote
Schilchersekt, Schilcher-Mistella,
verschiedene Brände und Säfte

Auszeichnungen
zweimaliger Landessieger, ebensooft im
Salon Österreichischer Wein, Gold in Laibach

Weinvermarktung
Ab-Hof-Verkauf, Versand, Zulieferung,
Verkauf auch nach Deutschland

Zusätzliches
Urlaub am Weinbauernhof, Führungen,
kommentierte Weinproben
Mitglied beim Schilcherschutzverein "Weißes Pferd"

Inhaber und Betriebsführer
Josef und Christa Strohmeier

Familie Strohmeier Peiserhof
Haiden 50
8552 Eibiswald
Tel. / Fax 0 34 66 / 42 414

Weststeiermark

Weinbau Fuchs-Maierhofer
Gundersdorf 3, 8511 St. Stefan ob Stainz
Tel. und Fax: 03463/81649
Inhaber und Betriebsführer: Josef und Pauline Fuchs-Maierhofer

Weinbau Familie Jauk
Pölfing-Brunn 11, 8544 Pölfing-Brunn
Tel.: 03465/2443
Inhaber: Familie Jauk
Betriebsführer: Christian Jauk

Weinbau Resch
Geipersdorfweg 18, 8530 Deutschlandsberg
Tel.: 03462/3316, Mobil: 0664/3071652
Inhaber und Betriebsführer: Ing. Johannes Resch

Weinbau Strohmaier
Brunn 20, 8544 Pöfling-Brunn
Tel. und Fax: 03465/2322

Wein-
gemeinschaften

Steirischer Junker
1996
Schilcher

Schon verkostet?
Ein Wein, ein Frühling so
blumig wie keiner!
Steirische Leit´n
Ein Land zeigt Geschmack!

Der Steirische Junker

Am magischen Mittwoch im November – jeweils der Mittwoch vor Martini – wird das Geheimnis des neuen, jungen Jahrganges gelüftet. Schlag 12 Uhr mittags stellen die über 100 steirischen Weingüter gemeinsam mit ihren Partnern von Gastronomie, Vinothek und Weinhandel den "Steirischen Junker" vor – und das in ganz Österreich und darüber hinaus. Der leichte, frisch-fruchtige Jungwein begeistert alljährlich als Weißwein, Schilcher oder Rotwein hunderttausende Weinkenner. Beliebt sind Weißweincuvées aus den Sorten RieslingxSylvaner mit Weißburgunder, Sämling 88, aber auch mit Sauvignon Blanc.

Die steirische Leit'n

"Steirische Leit'n" sind kontrollierte Landweine, zumeist Weißweincuvées (mit staatlicher Prüfnummer) für den Weinkonsumenten in der Gastronomie.
Mit maximal 6,0 g Restzucker, in der Rheinwein-Euro-Flasche abgefüllt, soll dem Gast ein typisch steirischer Wein in den Gaststätten angeboten werden.

Seit 1988 *"Verein zum Schutze und zur Förderung des klassischen weststeirischen Schilchers"*

mit dem Logo ***"Weißes Pferd"*** (nach den Lipizzanern des Gestütes im weststeirischen Piber). Mit der Donaumonarchie endete 1918 die österreichische Pferdezucht in Lipizza im heutigen Slowenien. Die edelblütigen Repräsentationspferde sind seitdem im weststeirischen Piber beheimatet. Im Gestüt Piber kann der Besucher hautnah miterleben, wie diese Pferde gezüchtet und für ihren Einsatz in der "Spanischen Hofreitschule" in Wien vorbereitet werden.Die Weststeiermark ist zugleich auch die Heimat des Schilchers, des Roséweines aus der Blauen Wildbachertraube, und mit dem "Weißen Pferd" auf der Schilcherflasche wird die weststeirische Herkunft und die Qualität des Produktes garantiert. Vinothek im Schilcherstöckl Rassach, eingerichtet vom Schilcherschutzverein, 8510 Rassach 25, Tel. 03463/4333.

e Schwestern Beatrix und Barbara
sen einander als Weinköniginnen ab

"Steirische Hoheit"

Zur Arbeitsgemeinschaft "Steirische Hoheit" haben sich neun Betriebe aus Kitzeck zusammengeschlossen:

Cramer Christian, Weingut Albert, Gauitsch 19, 8442 Kitzeck
Hack Rainer, Warga-Hack, Gauitsch 20, 8442 Kitzeck
Kappel Dietmar, Weinhof, Steinriegel 25, 8442 Kitzeck
Lambauer Georg, Weingut, Greith 19, 8442 Kitzeck
Pronegg Johann, Weingut Lorenz, Einöd 8, 8442 Kitzeck
Schauer Karl, Greith 21, 8442 Kitzeck
Schwarz Johann, Greith 35, 8442 Kitzeck
Schrotter Wolfgang, Weingut Mühlherrn, 8442 Kitzeck
Walter Klaus, Weingut Ertlhof, Steinriegel 2, 8442 Kitzeck

Aus Hochachtung gegenüber Erzherzog Johann, dem großen Förderer des steirischen Weinbaues im vorigen Jahrhundert, nennen diese Kitzecker Weinbauern ihren besten Wein "Steirische Hoheit".
Vermarktet wird der hochwertige Tropfen in der Steiermarkflasche und mit einem gemeinsamen, künstlerisch gestalteten Etikett.

Der Maler Gerald Brettschuh mit dem Kitzecker Weinbauern Willi Hack als Erzherzog Johann

“Steirische Idylle”

in Eichberg/Trautenburg – dieselben Voraussetzungen wie bei der Steirischen Hoheit.
Die acht **“Idylle”-Winzer** sind:

Weingut Amandus Adam, 8463 Kranach 37
Weingut Johann Jaunegg, 8453 Eichberg-Trautenburg 160
Weingut Josef Klug, 8453 Eichberg-Trautenburg 18
Weingut Anton Rothschädl, 8453 Eichberg-Trautenburg 20
Weingut Johann Skringer, 8453 Eichberg-Trautenburg 28
Weingut Josef Skringer, 8453 Eichberg-Trautenburg 53
Weingut Thomas Wildbacher, 8453 Eichberg-Trautenburg 56
Weingut Walter Zitz, 8453 Eichberg-Trautenburg 69

“Steirische Klassik”

die acht steirischen **“Klassik-Winzer”** sind: *Weingut Groß, Lackner-Tinnacher, Ing. Klaus Prünte, Weingut Erich und Walter Polz, Weingut Sattlerhof, Weingut Tement, Weingut Neumeister, Winkler-Hermaden.* Die Weine der *“Steirischen Klassik”* verkörpern Qualitätsweine sowie einen traditionellen, der Sorte entsprechenden Ausbau. Die Adressen dieser Betriebe sind in den Betriebsbeschreibungen zu finden.

Weinbaupionier Willi Sattler sen.

Fass-Schnitzer Nechutny

Willkommen im Weinbaugebiet
Klöch
Klöchberg
Pölten
Gruisla
Deutsch-Haseldorf
KLÖCH

"Klöcher Traminer-Schutzmarke"

Im Trend der späten 80er Jahre, als die Weine in der Steiermark fruchtig - duftig - trocken sein mußten, kam der Traminer fast ganz aus der Mode.Es ist das große Verdienst der Gemeinde Klöch mit dem Verein "Klöcher Traminer-Schutzmarke" und dessen erfolgreiches Bemühen und Werben um den Klöcher Traminer, daß diese wertvolle Sorte nicht nur in und um Klöch wieder sehr gefragt ist, sondern im gesamten steirischen Weinland hohes Ansehen und dementsprechende Nachfrage genießt.
Das gemeinsame Etikett mit dem Slogan "Der Wein mit dem Duft der Rose" und "Klöcher Traminer – Der Weltbeste" verwenden folgende 14 Klöcher Traminer-Schutzmarkenbetriebe:

Weinbau Domittner, 8493 Klöch 4
Weinhof Frühwirth, Deutsch Haseldorf 46, 8493 Klöch
Weingut Gießauf-Nell, 8493 Klöch 63
Weinbau Klöckl Siegfried, Hürth 19, 8484 Unterpurkla
Lamprecht Fritz und Maria, Hürth 37, 8492 Halbenrain
Weingut Müller Walter und Elisabeth, 8493 Klöch
Weingut Palz-Kahr, Klöchberg 45, 8493 Klöch
Palz Rudolf, Klöchberg 55, 8493 Klöch
Weinbau Pölzl Josef, Klöchberg 57, 8493 Klöch
Weinbau Schuster, Klöchberg 96, 8493 Klöch
Weinbau Simmerl-Klimbacher, Klöchberg 6, 8493 Klöch
Weinbau Tomaschitz, Gruisla 41, 8493 Klöch
Weinbau Winkler, Klöchberg 78, 8493 Klöch
Wonisch Josef und Elfriede, 8493 Klöch 65a

"Vision"

Sekt der Oststeirer, dazu gehören:

Weinhof Hutter, Reiting 2, 8330 Feldbach
Weinbau Lamprecht, Hürth 37, 8492 Halbenrain
Weingut Neumeister, 8345 Straden 42
Weinhof Platzer, Pichla 25, 8355 Tieschen
Weingut Thaller, Maierhofberg 24, 8263 Großwilfersdorf
Weingut Winkler-Hermaden, 8353 Kapfenstein 105

Die steirischen Weingasthöfe

Im Süden Österreichs, links und rechts der Mur, finden Sie diese in der West-, Süd- und Oststeiermark. Der Bogen spannt sich vom Almgasthof über das kleine Landhotel bis zur Vier-Sterne-Herberge, vom typischen Wirtshaus bis zum Haubenrestaurant. Allen gemeinsam ist das Streben nach Qualität, das Miteinander mit den heimischen Landwirten und Weinbauern: traditionell im Trend. Die Bedingungen für die "Steirischen Weingasthöfe" sind: Die Weinkarte muß mindestens acht steirische Weine aufweisen. Auf der Speisekarte muß steirisches Essen vorherrschen. Erforderlich ist eine ansprechende, gediegene Ausstattung. Das "Zunftzeichen" der Steirischen Weingasthöfe ist eine große Bronzeplakette mit Kellertür und Weinglas, die am Eingang zum Lokal angebracht ist.

Der Pionier Burkhardt Winkler-Hermaden sen.

Die Betriebe:

Gasthof zur Post, *Fam. Gillig*
A-8561 Söding, Packerstraße 60
Tel. 03137/2018, Fax 03137/20185, Geöffnet von 11 – 22 Uhr,
Sonntag ab 17 Uhr und Montag Ruhetag

Hotel Restaurant Gußmack
Josef und Krimhilde Gußmack
A-8570 Voitsberg, Conrad v.-Hötzendorf-Straße 17
Tel. 03142/22 4 58 und 22 4 19, Fax 03142/22 4 58 218
60 Gästebetten, Ruhetag ist Sonntag ab 15 Uhr bis Montag um 17 Uhr
geöffnet ist Dienstag bis Samstag 7 bis 15 Uhr und ab 17 Uhr

Krämerwirt, *Margit Krämer*
A-8563 Ligist 35, Tel. und Fax 03143/30 40
geöffnet von Mittwoch bis Samstag 10 bis 24 Uhr, Sonn- und
Feiertag 10 bis 21 Uhr, Ruhetag sind Montag und Dienstag

Golf- und Countryclub Enzianhof, *Luis Farmer*
A-8563 Ligist, Oberwald, Tel. und Fax 03143/2106, Fax DW 41
75 Gästebetten, kein Ruhetag

Wirtshaus Jagawirt, *Werner & Maria Goach*
A-8511 Sommereben 2, Reinischkogel, Tel.03143/8105, Fax 03143/8174
24 Gästebetten, 8 bis 24 Uhr, Mittwoch Ruhetag

Gastwirtschaft und Freizeitanlage Rauchhof
A-8510 Stainz, Wald 21, Tel. 03463/2882, Fax 03463/2127
21 Gästebetten, geöffnet 10 bis 24 Uhr, Dienstag Ruhetag

Genießerhotel Weinhof Kappel
A-8442 Kitzeck, Steinriegel 25, Tel. 03456/23347, Fax 03456/2347 30
28 Gästebetten, Donnerstag Ruhetag

Berggasthof König, *Familie König*
A-8225 Pöllauberg, Tel. 033353/2311, Fax 033353/2311 5
14 Gästebetten, geöffnet 11 bis 14 und 17 bis 21.30 Uhr
Mitte bis Ende Jänner Betriebsurlaub, im Feber zum Wochenende geöffnet
Ruhetag ist Donnerstag , von Mai bis Ende Oktober kein Ruhetag

Kaminstub'n, *Christine Kiegerl*
A-8430 Deutschlandsberg-Hollenegg, Kreßbach 80
Tel. 03462/47 37 oder 3701, Fax 03462/3701 12
Öffnungszeiten: täglich von 11.30 bis 23 Uhr, durchgehend warme Küche bis 22 Uhr
Mittwoch Ruhetag, ausgenommen Feiertage

Koralpenblick Ella, *Fa. Smolana*
A-8530 Trahütten, Rostock 15, Tel. 03461/210, Fax 03461/275
40 Gästebetten, geöffnet von 11 bis 22 Uhr

Weststeirischer Hof, *Klaus Kalthuber*
A-8524 Bad Gams, Müllegg 40, Tel. 03463/2134, Fax 03463/2134 7
48 Gästebetten, 8 bis 1 Uhr geöffnet, Sonn- und Feiertag ab 11.30 Uhr

Hotel-Restaurant Stainzerhof, *Familie Messner*
8510 Stainz, Grazer Straße 4, Tel. 03463/2115, Fax 03463/2115 37
Geöffnet 9 bis 24 Uhr, Küche von 11 bis 14 und 18 bis 22 Uhr

Das österreichische Weingesetz

Seit dem Jahr 1985 hat Österreich eines der strengsten Weingesetze der gesamten Weinwelt. Bis zum heutigen Zeitpunkt wurde dieses Gesetz durch einige Novellierungen modifiziert. Mit dem Beitritt zu EU wurde das Gesetz auch an die Gemeinschaftlichen Bestimmungen angeglichen, wobei in einigen Details österreichische Regelungen beibehalten wurden.

Banderole

Die rot-weiß-rote Banderole dient der amtlichen Kontrolle der erzeugten Weinmenge und ist für österreichischen Qualitätswein und Prädikatswein erforderlich, nicht aber für Tafel- und Landwein. Die Banderole muß so angebracht sein, daß sie beim Öffnen der Flasche beschädigt wird.

Klosterneuburger Mostwaage (KMW) und Öchslegrade (Ö)

Die Klosterneuburger Mostwaage wurde 1861 von Freiherr August Wilhelm von Babo, dem ersten Direktor der ersten Weinbauschule der Welt in Klosterneuburg, für die Bestimmung des Zuckergehaltes im Most entwickelt. Die Angabe KMW gibt den Zuckergehalt in Gewichtsprozenten an, d. h. 1 Grad KMW entspricht 1 Prozent Zucker im Most. Die Umrechnung in Öchslegrade (in Deutschland und in der Schweiz üblich) ist vereinfacht dargestellt: 1° KMW = 5° Öchsle.

Geschmacksrichtungen

Die Geschmacksrichtung muß auf dem Etikett stehen. Das Bezeichnungsrecht ist dem EU-Standard angepaßt. Zusätzlich wurde für die Vermarktung in Österreich die Deklaration "extra trocken" (0-4g/l) eingeführt. Für andere Länder gilt die Bezeichnung "trocken".

Geschmacksbezeichnung Restzuckergehalt

trocken 0 bis 9 g/l, wobei der Säuregehalt nicht mehr als 2 g/l niedriger sein darf; z.B. muß ein Wein mit 9 g/l Restzucker mindestens 7 g/l Säure enthalten.

halbtrocken: bis 12 g/l ***lieblich:*** von 12 bis 45 g/l ***süß:*** ab 45 g/l

Staatliche Prüfnummer

Jeder Qualitäts- und Prädikatswein, der in Verkehr gebracht wird, muß die staatliche Prüfnummer auf dem Etikett tragen. Diese Prüfnummer erhält ein Wein erst dann, wenn er den analytischen wie sensorischen (Geruch, Geschmack, Aussehen) Bedingungen entspricht.

Die Qualitätsstufen des österreichischen Weines

Das österreichische Weingesetz unterscheidet drei Qualitätsstufen:
Tafelweine, Qualitätsweine und Prädikatsweine.

Tafelweine

Tafelwein muß mindestens 10,6° KMW (51° Ö) Mostgewicht aufweisen, darf keine geographische Herkunfts-, keine Sorten- und keine Jahr-gangsbezeichnung besitzen; nur "Österreich" oder "österreichischer Tafelwein" u.ä.

Landwein muß mindestens 14° KMW (68° Ö) Mostgewicht aufweisen muß aus einer einzigen Weinbauregion und ausschließlich von zugelassenen Qualitätsweinrebsorten stammen; darf die Hektarhöchstmenge von 9.000 kg Trauben oder 6.750 l Wein nicht überschreiten.

Qualitätsweine

müssen aus einem einzigen Weinbaugebiet stammen; dürfen nur von zugelassenen Qualitätsweinrebsorten stammen; typisch für die Rebsorte sein; amtlich geprüft sein und die staatliche Prüfnummer tragen; müssen eine Angabe über das Weinbaugebiet aufweisen

Qualitätswein muß mindestens 15° KMW (73° Ö) Mostgewicht aufweisen

Kabinett muß mindestens 17° KMW (83,5° Ö) Mostgewicht aufweisen; darf höchstens 13% vol. Gesamtalkohol (inklusive unvergorenem Zucker) und maximal 9 g/l Restsüße enthalten; darf nicht aufgebessert werden

Prädikatsweine

Qualitätsweine besonderer Reife und Leseart dürfen nicht aufgebessert werden;dürfen nicht vor dem 1. Mai des auf die Ernte folgenden Jahres verkauft werden (Ausnahme: Spätlesen nicht vor dem 1. März)

Spätlese muß mindestens 19° KMW (94° Ö) Mostgewicht aufweisen; die Trauben müssen bei der Ernte in vollreifem Zustand sein

Auslese muß mindestens 21° KMW (105° Ö) Mostgewicht aufweisen; von den Trauben müssen alle nicht vollreifen, fehlerhaften und kranken Beeren ausgesondert werden, Positivauslese

Eiswein muß mindestens 25° KMW (127° Ö) Mostgewicht aufweisen; die Trauben müssen in gefrorenem Zustand gelesen und gepreßt werden

Strohwein muß mindestens 25° KMW (127° Ö) Mostgewicht aufweisen; muß aus Trauben gewonnen sein, die mindestens drei Monate auf Stroh oder Schilf gelagert oder luftgetrocknet wurden

Beerenauslese muß mindestens 25° KMW (127° Ö) Mostgewicht aufweisen; die Beeren müssen überreif und edelfaul (vom Botrytispilz befallen) sein

Ausbruch muß mindestens 27° KMW (138° Ö) Mostgewicht aufweisen; die Beeren müssen überreif, edelfaul und eingetrocknet sein; eine Mostauslaugung ist möglich

Trockenbeerenauslese muß mindestens 30° KMW (156° Ö) Mostgewicht aufweisen; die Beeren müssen edelfaul und rosinenartig eingeschrumpft sein

Nach dem EU-Beitritt sind auch für den österreichischen Wein die Vorgaben der EU-Bezeichnungsvorschriften anzuwenden. Nach den Bestimmungen der EU-Bezeichnungsvorschriften dürfen auf einem Weinetikett nur solche Angaben angeführt werden, welche durch ein nationales oder EU-weites Gesetz ausdrücklich zugelassen wurden. Der Bundesminister für Land- und Forstwirtschaft hat daher eine Weingesetz-Bezeichnungsverordnung verlautbart, nach der geregelt wird, unter welchen Voraussetzungen bestimmte Begriffe auf dem Weinetikett angegeben werden dürfen.

§ 1. (1) Bezeichnungen, die bei Qualitätswein in der Etikettierung angegeben werden dürfen.

1. **"Barrique"** (*"im Barrique gereift"*: für Qualitätswein, der durch Lagerung im Eichenholzfaß erkennbare und harmonische Geschmackstoffe erhalten hat

2. Begriffe wie **"Selection"** ("Selektion"), **"Auswahl"**, **"Ausstich"**, **"Classic"** ("Classique", "Klassik"), **"Erste Wahl"**, **"Tradition"**, **"Hausmarke"** oder **"Jubiläumswein"**, auch in Wortverbindungen, wie **"Alte ..." oder "Kellermeister..."**: für Qualitätswein, soweit die Etikettierung Informationen über die Auswahlkriterien enthält; diese Bezeichnungen dürfen nur für Jahrgangsweine von empfohlenen Rebsorten mit bestens erkennbaren Eigenschaften hinsichtlich ihrer sortentypischen Eigenart und Herkunft verwendet werden

3. Begriffe wie **"Reserve" oder "Premium"**: für Qualitätswein unter den in Z 2 festgelegten Voraussetzungen mit folgenden Einschränkungen

   a) Rotwein: Reifelagerung von mindestens 12 Monaten (Erstverkauf nicht vor dem 31. Dezember des auf die Ernte folgenden Jahres);

   b) Weißwein: Reifelagerung von mindestens vier Monaten (Erstverkauf nicht vor dem 1. Mai des auf die Ernte folgenden Jahres);

4. Begriffe wie **"Jundfernwein" oder "Erste Lese"**: für Qualitätswein, der aus Trauben erstmals ertragsfähiger Weingärten gewonnen wurde;

(2) Bezeichnungen, die bei Qualitätswein und Landwein in der Etikette angegeben werden dürfen:

1. **"Cuvée" oder "Verschnitt"**: für Qualitätswein oder Landwein, der durch Verschneiden verschiedener Weine und/oder Moste desselben Weinbaugebietes (bei Qualitätswein) oder derselben Weinbauregion (bei Landwein) hergestellt wurde;

2. **"Gemischter Satz"**: für Landwein oder Qualitätswein, der durch Vermischung entweder von Weißweintrauben, auch gemaischt, oder Rotweintrauben, auch gemaischt, jeweils verschiedener Rebsorten desselben Weinbaugebietes (bei Qualitätswein) oder derselben Weinbauregion (bei Landwein) hergestellt wurde;

3. Begriffe wie **"Primus", "Erster", "Der Erste", "Der Junge", Der junge....", "Junker", "Der Neue" oder "Primaner"**: für Landwein oder "Qualitätswein, der bis längstens 31. März des auf die Ernte folgenden Jahres erstmalig in Verkehr gebracht wird;

4. Begriffe wie **"Gelesen..." oder "Geerntet..."** mit Angabe des Lesedatums: für Landwein oder Qualitätswein, der aus Trauben, die am angegebenen Tag geerntet wurden, gewonnen wurde.

***Sturm*: § 16. (1) Teilweise gegorener Traubenmost darf unter der Bezeichnung "Sturm" nur dann in Verkehr gebracht werden, wenn**

1. das Erzeugnis ausschließlich aus Trauben stammt, die im Inland geerntet und verarbeitet wurden,

2. der vorhandene Alkoholgehalt mindestens 1,0% vol. beträgt und

3. die Inverkehrbringung zwischen 1. August und 31. Dezember des jeweiligen Erntejahres, solange sich das Erzeugnis im Zustand der Gärung befindet, erfolgt.

abfallend	*Der Wein ist kurz, bleibt nicht haften.*
abgebaut	*1. Der Wein hat den Höhepunkt seiner Entwicklung bereits überschritten, ist meistens alt.* *2. Die Säure kann abgebaut haben, ist geringer geworden.*
Altl	*Mehr oder weniger starker Altersgeschmack.*
ausgebaut	*Der Wein ist vollkommen entwickelt.*
ausgeglichen	*Harmonischer Wein.*
blank	*Klar, glanzklar.*
blaß	*Sehr helle Weine mit wenig Farbstoff.*
Blume	*Der Duft der leichtflüchtigen Bestandteile des Weines, die durch die Nase wahrgenommen werden. Die Blume ist je nach Sorte, Boden, Reife und Temperatur verschieden. Die Blume kann zart, fein, edel, aber auch aufdringlich sein.*
Bodengeschmack	*Erdgeschmack – oft typisch für bestimmte Rieden.*
brandig	*Der Alkohol tritt im Geschmack stark hervor.*
Bukett	*Wie Blume. Man unterscheidet Sorten-, Gär-, Lager- und Edelfäulebukett.*
Charakter	*Bestimmte Art (oder keine Art) des Weines. Der Charakter des Weines hängt von Sorte, Lage, Klima, aber auch von der Weinbehandlung ab.*
dezent	*Fein, zart.*
duftig	*Elegante, leichte Blume.*
dünn	*Körperarmer Wein, wenig Extrakt und Alkohol.*
eckig	*Die einzelnen Geschmacksstoffe treten ungleich hervor. Der Wein ist unharmonisch.*
Edelfäule	*Bei trockener Witterung, aber feuchter Luft (Flüsse, Seen) entwickelt sich die Botrytis zur Edelfäule. Weine aus edelfaulen Trauben geben ein hervorragendes Produkt.*
elegant	*Vollkommen harmonische, meist leichtere, spritzige und nicht zu milde Weine.*
Essigstich	*Bakterienkranker Wein, nach Essig riechend (flüchtige Säure).*
Faßgeschmack	*Geschmack nach einem unreinen Faß. Bei verschimmelten Fässern Schimmelgeschmack.*
fehlerhaft	*Weine mit nachteiligen Veränderungen, meist chemischer Natur oder durch Aufnahme weinfremder Stoffe.*
feurig	*Weine, deren Alkoholgehalt höher, aber richtig abgepuffert ist, sodaß er stärker, aber harmonisch und nicht brandig zum Ausdruck kommt. Bei Rotweinen wird "feurig" auch zu Farbenbezeichnung angewendet.*
fruchtig	*Im Geschmack an die Sorte erinnernd.*
Fülle	*Körperreicher, vollmundiger Wein.*

David

PALMZWEIGKREUZE -
SCHUTZ FÜR DEN KELLER

füllreif *Flaschenreif.*

gebrochen *Der Wein ist fehlerhaft, trüb. Weißer, Schwarzer, Brauner Bruch. Bruchgeschmack.*

gedeckt *Bei Rotwein dunkle Farbe.*

harmonisch *Die Bestandteile des Weines stehen zueinander im richtigen Verhältnis.*

hart *Weine mit hoher, unharmonischer Säure.*

hell *Der Wein hat wenig Farbe.*

herb *Zusammenziehender Geschmack, höherer Gerbstoffgehalt.*

Heuriger *Jungwein. Zu Martini (11. November) wird die neue Weinernte zum Heurigen (Jungwein) und bleibt Heuriger bis nächstes Jahr zu Martini. Dann wird der Heurige zum Altwein, und der nächste Jahrgang tritt an seine Stelle.*

hochfarbig *Zu gelbe oder gelbbraune Weine werden als hochfarbig bezeichnet. Auslesen können hochfarbig sein.*

kernig *Körperreicher Wein mit entsprechender Säure.*

Korkgeschmack *Widerlicher Geruch und Fremdgeschmack bei Flaschenweinen, bedingt durch mindere Korkqualität.*

körperreich *Extraktreich, voll.*

krampeln *Der Wein hat einen kratzenden Geschmack.*

kristallklar *Glänzend klar, die höchste Stufe der Klarheit.*

kurz *Der Wein bleibt nicht lange haften, er hat keinen Schweif.*

matt *Leer, ohne Kohlensäure.*

Meßwein *Naturbelassener Wein, der den kirchlichen Vorschriften entspricht.*

mild *Säurearm.*

mollig *Voller, runder Wein.*

moussierend *Stark kohlensäurehältig.*

resch *Säurereicher Wein, ohne Zuckerrest.*

rund *Voller, abgerundeter Geschmack.*

sauer *Wein mit unangenehmer oder hoher Säure.*

schwer *Alkoholreicher Wein mit hohem Extrakt. Alkoholreicher Wein mit wenig Extrakt ist brandig.*

Sortenbukett *Im Wein ist die Sorte typisch zu erkennen.*

süffig *Harmonischer, leichter Wein. der immer wieder zum Trinken anregt.*

unharmonisch *Einzelne Geschmackformen im Wein treten unangenehm hervor.*

weich *Geschmacksbeschreibung für säurearme Weine.*

würzig *Intensiv fruchtig, aromatisch.*

zart *Nicht sehr kräftiger, aber feiner, eleganter Wein.*

Wie trinkt man Wein?

Bedenkt man, wieviel Sorgfalt und Wissen auf die Erzeugung von gutem Wein verwendet wird, dann ist es sehr schade, wenn Wein ohne ebenso große Sorgfalt getrunken wird. Oft geschieht es, daß ein edler Tropfen ganz nebenbei, während eines Gesprächs, in den Kehlen verschwindet oder nur dazu dient, die persönliche Laune oder allgemeine Stimmung zu heben. Dabei erweist man seinen Geschmacksnerven und dem Wein wenig Referenz. Man verzichtet auf den Genuß, den ein Weinkenner, der sich dem Weintrinken ernsthaft widmet, erlebt. So verzichtet man auf einen Teil seiner Sinne, ja überhaupt auf einen Teil schönen Lebens. Vorweg sei gesagt, daß sich die folgenden Verhaltensregeln in der Praxis durchgesetzt haben und von vielen Fachleuten empfohlen werden. Trotzdem sollten Sie Ihre eigenen Erfahrungen als Maßstab nehmen.

Zur Farbe

Zur Weinkost (oder Degustation) nehmen Sie am besten ein dünnwandiges, klares und farbloses Glas. Günstig sind tulpenförmige Stielgläser, da die Duftstoffe des Weines konzentriert der Nase zugeführt werden und der Griff am Stiel den Wein nicht erwärmt. Sie füllen das Glas zu einem Drittel und halten es gegen das Licht. Sie beurteilen zuerst Farbe und Klarheit des Weines: blaß, hellgelb, grüngelb oder goldgelb bei Weißweinen; hellrot, rubinrot, granatrot bis dunkelrot bei Rotweinen; zart rötlich schillernd, zwiebelschalenfarbig und hellrot bei Roséweinen; ob der Wein trüb oder ganz klar ist; ob er im Glas "Schlieren" erzeugt, was auf höheren Extraktgehalt schließen läßt. So erhalten Sie erste Hinweise auf Sorte, Ausbau, Behandlung und eventuelle Fehler des Weines.

Zum Geruch

Dann schwenken Sie den Wein im Glas, was die Duftstoffe freisetzt, riechen und prüfen den Geruch (das Bukett) des Weines.
Was die Nase über den Wein erfährt, sind Alter und Reifegrad und der für die Sorte charakteristische Duft.

Zum Geschmack

Erst jetzt nimmt man einen kleinen Schluck und läßt ihn im Mund rollen, wodurch alle Geschmacksnerven angesprochen werden.
Mit den Bezeichnungen resch, mild, trocken, süß, leicht, schwer, vollmundig oder schlank drücken Sie den Säuregehalt, den Anteil an unvergorenem Restzucker, Alkohol und Extraktstoffen aus.

Nur die Summe aller eben geschilderten Sinneseindrücke ergibt das Gesamtbild des Weines. Der Eindruck kann zart ausfallen, elegant, rassig oder lieblich. Und man spricht von einem harmonischen Wein, wenn kein Faktor überwiegt. Zwischen den einzelnen Kostproben empfiehlt sich die Einnahme von weißem Gebäck oder ein Schluck Mineralwasser.

Das richtige Glas

Während Sie Tafelwein oder Landwein auch ohne Kristallglas gut schmecken können, verwendet man für edle Weine dünnwandige, feingeschliffene Gläser. Je nobler der Wein, desto exklusiver das Glas, in dem man ihn serviert. Auf gut gedeckten Tischen stehen mehrere Gläser für verschiedene Weine bereit.

Weißweine werden aus sich nach oben verjüngenden, kleineren Gläsern getrunken. Die Tulpe konzentriert die Duftstoffe, die geringe Menge sorgt dafür, daß der Wein nicht zu lange steht und sich dadurch erwärmt. Ebenso wirkt der Stiel, der eine wärmende Berührung der Hand am Glas vermeidet.

Rotweine kredenzt man in größeren, bauchigen Gläsern mit kürzerem Stiel. Durch die größere Oberfläche kommt der Rotwein mehr mit der Luft in Berührung, wodurch der Wein milder und samtiger wird. Rotweinflaschen sollten ca. 2 Stunden vor der Verkostung geöffnet werden, aber auch gehaltvolle, reife Weißweine.

Prädikatsweine werden in kleinen Dessertgläsern gereicht, da man sie nur in kleinen Mengen genießt. Sektflöten und -schalen sind für Sekt und Champagner vorgesehen. Die enge Tulpenform der Sektflöte hält die Kohlensäure länger. Wenn Sekt als Aperitif angeboten wird, verwendet man die Schale, da dem schnelleren Genuß weniger Kohlensäure besser dient.

Weinkultur ist auch Glaskultur!

Speziell ausgewählte Gläser der Serie Vinum von Riedel für den Steirischen Wei

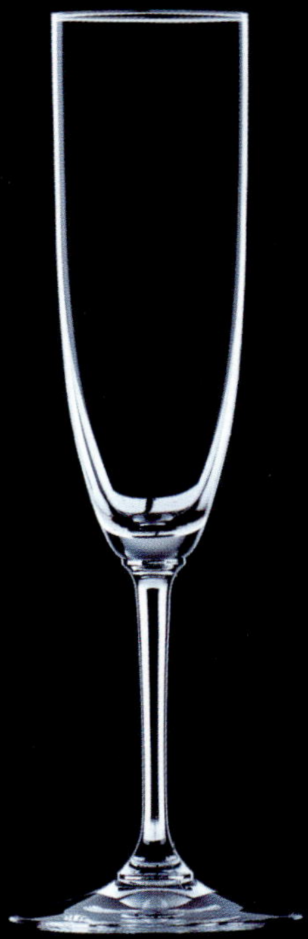

Vinum Champagne

Vinum Bordeaux

Vinum Rheingau

Vinum Sauvignon Blanc

Vinum Chardonnay

Vinum beaujolais

Fruchtig – duftig – steirisch
G. Katschner